Erfahrungsberichte

Cindy, dieses Buch ist wunderschön!!!! Es ist sehr schön anzuschauen und ich weinte fast, als ich reinschaute und zu lesen anfing. Ich bin wirklich beeindruckt. Es macht mich so glücklich, dass du das Werk meines Vaters auf so eine nette Art darstellst..... Auch das Buch fühlt sich wirklich gut an.
Julietta St. John

Cindy hat es vollbracht die feine und flüchtige Qualität der Metamorphose in Worte zu fassen. Einige haben dieses schwer zu fassende Element während einer Behandlung oder auch schon beim Betreten eines Raumes, wo Metamorphose praktiziert wird, gespürt. Dieses Buch ist so ein wertvoller Rückgriff nicht nur um die Substanz der Metamorphose zu verstehen, aber auch um dessen Seele zu erfahren.

Nancy Stetson, USA, Colorado

Ich wollte dir nur sagen wie super du bist! Jedes Mal wenn ich dieses Buch lese, sehe ich wieviel Feingefühl in jedem Satz steckt.

Dr. Shoshana Savyon, Israel

Ich habe nicht erwartet, dass das Buch so gut sein würde, denn es ist wirklich schwierig über Metamorphose zu schreiben. Die Information ist zugänglich ohne den Kern und die Seele der Metamorphose zu verlieren. Es ist wirklich eine gute Demonstration des Gleichgewichts zwischen Afferenz und Efferenz. Es ist wahrlich entzückend!
Angie Lyndon, Australia

Kompliment, Kompliment, Kompliment. Sehr gut geschrieben, sehr klar, ich habe es wirklich genossen. Besten Dank, dass du etwas frische Luft zu Meta gebracht hast.

Jean Magnus, South Africa

Vielen Dank an Cindy für ihr grobartiges Lebenswerk. Es ist wunderbar, dass sie das Werk von Robert weitergeführt und sich so sehr fürs Verständnis der Metamorphose eingesetzt hat. Dieses Buch ist hier im Norden Europas sehr angesehen.

Anne Kreivi, Finland

Endlich habe ich ein Buch gefunden welches mich näher and den Kern und die Seele der Metamorphose bringt. Dieses Buch half mir, eine klarere Erklärung der Prinzipien der Metamorphose zu finden, und zwar dermaben, dass ich eine erneuerte Leidenschaft für die Arbeit gefunden habe. Vielen Dank!

Petra van Noort, USA, New York

Dieses Buch ist wirklich grobartig. Es macht die Prinzipien sehr zugänglich. Klar, gut organisiert und benutzerfreundlich.

Michael Edan, USA, New York

Ich brauche Einfachheit, nicht zu viel Information, nur ein Gedanke, der mich zu meinem eigenen Verstehen führt. Dieses Buch hat mir das gegeben.

Brigitte Winkler, Greece

Dieses Buch ist unglaublich klar. Ich habe es fünf Mal vom Anfang bis zum Schluss gelesen. Vielen Dank für deinen unglaublichen Beitrag an mein Leben!

Ann Payne, USA, Washington

Metamorphose

Bewusstsein durch Berührung

Cindy Silverlock

Übersetzt von: Florian Daniel

Kini Publishing
Tucson Arizona, USA

Metamorphose : Bewusstsein durch Berührung
Kini Publishing
Tucson, Arizona

Urheberrecht © 2021 Cindy Silverlock

Übersetzt von: Florian Daniel

Alle Rechte vorbehalten.
Kein Teil dieser Veröffentlichung, in Text oder Illustration darf ohne schriftliche Berechtigung der Autorin weder elektronisch oder schriftlich oder andernfalls reproduziert, fotokopiert, übertragen, abgeschrieben oder in eine andere Sprache übersetzt werden. Als Ausnahme gilt ein kurzes Zitat welches Teil einer publizierten Buchbesprechung ist.

Veröffentlicht durch: Kini Publishing
ISBN# 978-0-9722897-4-0
Gedruckt in den Vereinigten Staaten von Amerika

Haftungsausschluss: Das Metamorphose Zentrum und Cindy Silverlock lehnen jegliche Haftung und Verantwortung für etwelche Nebenwirkungen, die durch Anwendung einiger or aller Information dieses Buches entstehen können ab. Metamorphose ersetzt nicht angebrachte medizinische Behandlung. Bitte kontaktieren Sie einen Arzt oder einen Therapeuten falls Sie gesundheitliche Bedenken haben.

Anerkennungen

Ein spezielles Dankeschön an meinen Ehemann Dean für seine unermüdliche Unterstützung. Verhaltensmuster an sich selber und in einer Beziehung zu erkennen ist eine Herausforderung sowie auch aufregend. Ich bin dankbar einen so speziellen und liebevollen Partner dafür zu haben.

Ein herzliches Dankeschön an Nancy Stetson fürs Lesen dieses Buches in verschiedensten Phasen der Revision. Nancy's ehrliches Interesse half mir die verschiedenen Herausforderungen während des Schreibens zu bewältigen. Ihre Zuneigung zur Metamorphose und Robert waren offensichtlich.

    -Cindy Silverlock

Vorwort

Nancy Stetson

Als ich Robert St. John in 1976 kennenlernte war sein Denken revolutionär. Anzuerkennen, dass ein Gedanke Realität erschafft und eine Heilungsmethode, welche in Gedanken beginnt, zu schaffen war für mich eine grobe Erleichterung. Es ist das Denken, das erschafft und das Denken, das heilt - und aus diesem Grund sind andere Heilungsmethoden, welche widersprüchliche Bestimmung für die gleichen Punkte haben, weniger wirksam. Robert hat immer gesagt, dass die Reflexpunkte, die er entdeckte, seines Wissens nach präzise sind. Gleichzeitig war es seine Art der Erschaffung einer bestimmen Struktur, welche dessen grobe Auswirkung ermöglicht. Es ist die Absicht des Praktizierenden, welche die Resultate bringt, und die Struktur der Therapie ist das Mittel sich auf diese Absicht zu konzentrieren.

Diese Offenbarung war das Wissen, dass man mit Robert's einfachem Hilfsmittel auf eine Zeitspanne sogar vor der Befruchtung zugreifen konnte. Er fand, dass er auf diese Zeitspanne durch die Reflexpunkte der Wirbelsäule und den Füsen, am Kopf und den Händen zugreifen konnte. Die Metamorphose hat für mich eine ganz neue Welt mit unendlichen Möglichkeiten eröffnet. Während den nächsten zwanzig Jahren verbrachte ich so viel Zeit wie ich konnte mit Robert während er fortfuhr seine Arbeit zu erkunden und zu entwickeln.

Cindy hat hervorragende Arbeit geleistet die Prinzipien der Metamorphose zu vermitteln. Aus verschiedenen Gründen ist das nicht einfach. Einige Leute möchten gerne eine einfach zu folgende Technik für die Metamorphose. Das wäre widersprüchlich zum Wesen der Metamorphose. Anderen hätten gerne wissenschaftliche Bestätigung. Robert's Haltung war, dass es widersinnig ist Menschen zu testen, sie dann zu ettiketieren und bestimmte Resultate zu suchen. Er hat sich dagegen gewehrt auch als es ihn daran hinderte seine Arbeiten anerkennen zu lassen. Die Leute zu ettiketieren hält sie in dem Zustand, da unsere Gedanken so mächtig sind.

Uns wurde gesagt, dass wir ausserhalb von uns suchen müssen um zu wissen was wahr ist. Die Kraft einer beschlossenen Realität ist so stark, dass es schwierig ist sich selber zu vertrauen. Aber heutzutage hat sogar die Wissenschaft ihre Limite erreicht materielle Realität festzulegen und zu bestimmen. Die Auswirkung der Gedanken auf das Resultat jeglichen Experiments, sowohl in der Psychologie als auch in der Physik, wird zunehmend zu einem Schwerpunkt. Robert hat Menschen immer ermutigt sich mit ihrer angeborenen Intelligenz in Verbindung zu setzen. Die Veränderung der Betrachtungsweise des Bewusstseins und der Kreativität ist was die Metamorphose ausmacht.

Seit 1962 hat Robert einige Veränderungen in der Beziehung von Afferenz (Bewusstsein) und Efferenz (Handlung) gesehen. Während Efferenz dominierend war erklärt es den Anstieg der Wissenschaft, die nun im Dienst der Afferenz ist. Es gibt viel Verwirrung während die alten Verhaltensmuster versuchen sich festzuhalten, aber wir bewegen uns einer Zeit des inneren Bewusstseins entgegen. Robert sah die Metamorphose als Mittel den Menschen bei dieser Übergangsperiode zu helfen. Wenn Afferenz und Efferenz im Gleichgewicht sind, kann das Bewusstsein spontan und hemmungslos in die Tat umgesetzt werden. Das Ziel der Metamorphose ist in der Gegenwart zu leben.

Es war ein Vergnügen dieses Buch zu lesen. Cindy hat es vollbracht die sehr feine und flüchtige Qualität der Metamorphose zu beschreiben. Einige haben dieses schwer zu fassende Element während einer Behandlung oder auch schon beim Betreten eines Raumes, wo Metamorphose praktiziert wird, gespürt. Dieses Buch ist so ein wertvoller Rückgriff nicht nur um die Substanz der Metamorphose zu verstehen, aber auch um dessen Seele zu erfahren.

In Dankbarkeit

ROBERT ST. JOHN

1914 - 1996

Die Zeit, welche ich mit Robert St. John über die Jahre hinweg in Gesprächen verbringen durfte hatte einen enormen Einfluss in jeder Hinsicht meines Lebens. Robert lebte die Metamorphose; dessen Existenz lebte in ihm.

Durch das Vorleben seines Werkes zeigte mir Robert, dass die Prinzipien den Leuten näher gebracht werden müssen; und zwar an einen Punkt wo diese auf persönliche Art und Weise erfahren werden können. Nur so kann Metamorphose gelernt werden. Robert's Bescheidenheit lehrte mich, dass niemand eine Autorität im Heilen oder fürs Leben besitzt. Er ermutigte Stärke und unabhängiges Denken in anderen.

Robert's gewaltige Gabe Verhaltensmuster zu erkennen und diese nicht zu ernst zu nehmen war ein unermessliches Geschenk. Er hat nie vorgegeben eine perfekte Person zu sein, was eine Akzeptanz für unsere individuellen und kollektiven Mängel vermittelte. Zur gleichen Zeit schuf er einen einfachen Ansatz zur Selbstheilung, welcher uns ermöglicht, anzustreben was und wie wir sein möchten.
-Cindy Silverlock

Inhaltsverzeichnis

Die Essenz 1

Die Geschichte 6

Die Prinzipien 11

Die Praxis. 78

Nachtrag zum funktionalen Menschen,

von Robert St. John. 130

Über die Autorin 132

Kontaktieren Sie uns 135

Die Essenz

Metamorphose löst unbewusste Spannung. Unbewusste Spannung ist die unsichtbare Barriere, die im Weg ist.

Metamorphose löst unbewusste Spannung. Unbewusste Spannung ist die unsichtbare Barriere, die im Weg ist.

Dieses Buch wurde geschrieben als ein Handbuch zur Metamporphose. Meine Absicht ist es, eine Einführung zu geben über die Prinzipien und die Praxis der Metamorphose, was dir erlaubt, die Essenz für dich selbst herauszufinden und zu erfahren. Ich hoffe, dich dazu zu inspirieren, zu fühlen, dass du den Geist der Metamorphose verkörpern kannst und anfängst, es in deinem eigenen Zuhause anzuwenden. Du brauchst keine Vorerfahrung, um Metamorphose zu praktizieren. Ein offener Geist und eine neugierige Haltung sind alles, was du brauchst.

Im Verlauf des Buches gebe ich eine Einführung zu den Prinzipien und ermutige dich, anzuhalten und zu schauen was gesagt wird, während du liest. Ich wiederhole auch die wichtigsten Prinzipien, um Metamorphose zu verstehen. Wahrscheinlich wirst du es hilfreich finden, das Buch mehrere Male zu lesen und die Information über die Zeit sacken zu lassen. Während du an dir selbst arbeitest, löst sich deine in der Tiefe liegende Spannung. Dadurch kann sich das Verständnis in dir setzen. Du kannst Metamorphose nicht auf dem intellektuellen Wege lernen; es muss erfahren werden. In der Erfahrung deines eigenen Geistesblitzes verstehst du, worum es in dieser Arbeit geht. Metamorphose ist das Verlassen des antrainierten Denkens hin zu der Ermächtigung des Bewusstseins.

Die Essenz von Metamorphose ist das Verstehen von unbewusster Spannung. Wenn du beginnst, das Gesamtbild der Energie – Dynamiken zu sehen, verändern sich deine Perspektive und dein Leben.

Die Hands-on-Praxis bietet einen Weg, diese Information auf eine nonverbale Weise zu vermitteln. Alles was du brauchst um Metamorphose zu praktizieren, ist ein Verständnis von der Essenz ohne übermäßig fokussiert zu sein auf die speziellen Gegebenheiten. Obwohl Metamorphose praktisch und einfach ist, ist sie nicht linear.

Die Reise, sich das Gesamtbild anzuschauen von der Spannung und dem konditionierten Denken in dir selbst und in der Welt, kann manchmal etwas überfordernd erscheinen. Das ist ein gutes Zeichen, denn es bedeutet, dass du beginnst, wahrhaftig für dich selbst zu denken und zu realisieren, dass die Wirklichkeit auf Wahrnehmungen beruht. Wahrnehmungen werden primär bestimmt durch deine tiefer liegenden Stressmuster sowie deiner Bildung / deinem Training. Wenn du dir die Prinzipien anschaust und die Arbeit anwendest, wird die tiefgreifende Einfachheit der Metamorphose ersichtlicher.

Metamorphose ist ein intuitiver Ansatz und keine Technik. Robert benutzte das Wort `Technik` in seinen ersten beiden Büchern, aber später sagte er, dass das Wort unpassend sei. Eine Technik impliziert, dass du einem Ablauf folgst, der wiederholt werden kann. Ich sehe das `Einstimmen` als ein aufrichtiges Lauschen an. In jeder Behandlung lauschst du nur mit deinen Fingerspitzen der tieferliegenden Spannung in den Knochen.

Ich mag einfache Analogien um abstrakte Ideen in den Blick zu nehmen. Betrachte den Unterschied zwischen einer Reise im Reisebus und einer Reise allein. Der Reisebus bringt dich zu vorher festgelegten Orten, zu denen du geführt wirst und die du in einem bestimmten Zeitplan besuchen kannst. Das ähnelt einer Technik, bei der du einem System folgst oder einem bestimmten Format, ohne dich einzustimmen.

Das Reisen alleine erfordert es, dass du für dich selbst denkst und bietet keinen speziellen Zeitplan. Der Unterschied ist, dass du wirklich die Essenz des Ortes kennenlernst, den du besuchst. Die Erfahrung wird ein Teil deiner Selbst, anstatt eine erinnerbare geführte Tour zu den örtlichen touristischen Plätzen. In der Essenz stimmst du dich auf deine Umgebung ein.

Mit der Metamorphose bist du dein eigener Führer. Du musst dir die Zeit nehmen, um die Prinzipien kennenzulernen, sodass du die Arbeit von innen her kennst. Auf diese Weise wird die Metamorphose zu einem Teil von dir. Wenn du eine Behandlung gibst, bringst du das innere Verständnis in die Behandlung mit ein anstatt eine Technik auszuführen. Das ist die Tiefgründigkeit der Arbeit.

Metamorphose ist lebendig, was bedeutet, dass etwas verlorengeht, wenn man versucht, sie zu erklären. Worte helfen, diese subtile Philosophie zu kommunizieren, aber sie können auch in den Weg geraten. Behalte im Hinterkopf, dass Metamorphose keine Behandlung ist, dass du keine Person oder ein Symptom behandelst. (Manche Menschen benutzen das Wort Session / Sitzung anstatt Behandlung.) Das Wort `Arbeit` ist auch nicht treffend, da es Anstrengung impliziert. Worte wie Ebenen, Umschalten und Prozess tendieren dazu ein Konzept zu schildern und sind somit auch nicht ganz zutreffend. Du bekommst eine Idee davon!

Mit der Metamorphose hören wir auf, Krankheit, Disharmonie und Konflikt zu kreieren. Es ist wichtig zu erkennen, wo der Unterschied liegt zwischen dem Aufhören, etwas zu erschaffen und dem Heilen / Kurieren. Wir beziehen uns auf tieferliegende Spannungsmuster und dadurch hören wir auf, stressige Reaktionen auf das Leben zu kreieren. Das ist anders, als bestimmte Symptome anzusprechen. Die Idee der Heilung wird typischerweise als das Befassen mit Symptomen angesehen. Dies ist wichtig für das Verständnis des gesamten Themas der Metamorphose.

Metamorphose präsentiert einige neue Ideen und mag dich einladen, deine Gedanken zur Schöpfung, zum Leben, zu Beziehungen und zur Heilung zu überdenken. Das Erwägen neuer Möglichkeiten kann existierende Paradigmen und individuelle Glaubenssätze herausfordern, was wiederum deinen Sinn für die Realität und/oder deine Identität herausfordert. Wenn du dich mit einem Konzept beschäftigst, das schwer glaubwürdig oder herausfordernd ist, kann es hilfreich sein, die Idee im Kopf zu behalten, anstatt einen Weg richtig zu machen, und alle anderen Wege falsch.

Du wirst es interessant und aufschlussreich finden, dir anzuschauen, wie deine persönlichen Glaubenssätze deine Realität geformt haben. Nimm zur Kenntnis, wie sich deine Wahrnehmungen ändern, wenn du deine tieferliegenden Stressmuster loslässt.

Bei dem Bestreben, Metamorphose zu verstehen, versuchen Menschen oft, sie mit anderen Ansätzen zu vergleichen, mit denen sie bereits vertraut sind. Obwohl Metamorphose sich ähnlich anhören kann wie andere Methoden, beim genaueren Hinschauen zeigt sich, dass dies gewöhnlicherweise nicht so ist. Es ist hilfreich, Metamorphose anderen Ansätzen gegenüberzustellen, anstatt sie zu vergleichen. Mit anderen Worten: Es ist hilfreich, die Unterschiede wahrzunehmen anstelle der Gemeinsamkeiten.

Wenn du entscheidest, dass diese Ansicht faszinierend ist, wenn du damit in Resonanz bist und sie dein Leben einfacher macht, ermutige ich dich, die Prinzipien in deinem alltäglichen Leben zu beobachten.

Bitte beachte, dass ich in diesem Buch die Prinzipien vor der Praxis bespreche. Die Prinzipien erschaffen die Absicht für die Praxis, sie sind essenziell. Die zweite Hälfte des Buches lehrt die Praxis der Arbeit: Die Arbeit and den Füßen, Händen, am Kopf und an der Wirbelsäule sowie das Arbeiten mit den Handsymbolen.

Die Geschichte

Wenn wir uns verändern, verändert sich die Welt um uns.

Ursprünglich als pränatale Therapie bekannt, entwickelte sich dieses Arbeitswerk zur Metamorphose. Robert St. John hat mit dieser Arbeit in England in den späten 1950-er Jahren angefangen. Ich benötige das Word kreieren eher als gründen, denn ich denke dass sein Arbeitswerk sich durch gewaltige Kreativität entwickelte.

Während andere Leute ähnliche Einsicht in die menschliche Dynamik und Zwangslagen hatten, fanden nur wenige einen Weg raus. Robert hat nicht nur einen Weg raus gefunden, sondern er entwickelte auch eine einfache, praktische Annäherung welche alle lernen und in ihrem täglichen Leben anwenden können.

Robert war angeregt seine Arbeit auf mehreren Observationen durch seine Erkenntnisse in der Heilkunst zu entwickeln. Während er mit neuropathischer Medizin arbeitete, erkannte Robert dass der Schwerpunkt beim Heilen die Symptombehandlung ist. Und obwohl die Symptome normalerweise nach der Behandlung verschwanden, kamen sie oft zurück, oder die Personen bekamen neue Symptome. Weil die grundlegenden Stressmuster, welche die Symptome verursachen nicht angegangen wurden, befanden sich die Leute in einer beständigen Schleife der Symptombehandlung.

Das Konzept der Reflexzonen Therapie war für Robert eine Inspiration. Die Reflexzonen Therapie ermöglicht die Arbeit mit Reflexpunkten an den Füssen, Händen und manchmal an den Ohren. Diese Reflexpunkte stimmen mit einer Abbildung des physischen Körpers überein.

Robert hat festgestellt, dass es verschiedene Abbildungen der Reflexpunkte an den Füssen gibt, alle mit kleinen Unterschieden und trotzdem funktionieren alle bei der Behandlung. Diese Observationen legen nahe, dass die Reflexpunkte als Symbol für deren Bedeutung stehen. Die Anwendung der Reflexpunkte als Symbole wurde zur Grundlage für die Entwicklung und Ausübung der Metamorphose.

Während Robert mit der Bates Augenmethode arbeitete, hat er die Prinzipien, welche er später Afferenz und Efferenz nannte, gefunden. Es war seine Beobachtung, dass die grundlegende Haltung zum Leben in der Sehkraft der Menschen widerspiegelt ist. Die Form des Augapfels und die Qualität der Sehkraft bringt eine chronische, zwanghafte Haltung der Gedanken zum Ausdruck.

Wer die Neigung hat, sich aus dem Leben zurückzuziehen entwickelt oft schwächer werdende Sehkraft, Weitsichtigkeit oder Hypermetropie genannt, bei welcher die Augäpfel leicht weiter innen sitzen. Er nannte dies Afferenz. Wer die Neigung hat, sich in Lebenssituationen zu werfen entwickelt oft Kurzsichtigkeit oder Myopie, bei welcher die Augäpfel leicht nach aussen sitzen. Er nannte dies Efferenz. Diese Beobachtungen wurden zum Anstoss der Philosophie von Afferenz und Efferenz.

Beim in Betracht ziehen der Menschheitsgeschichte hat Robert festgestellt, dass sich die Menschheitsmuster im Grossen und Ganzen nie wirklich verändert haben. Krankheit, Disharmonie, Konflikt und Krieg haben immer bestanden. Er hat realisiert, dass diese ursprünglichen Stressmuster weitergehen, weil sie nie am Ursprung angegangen wurden. Er hat eine tiefere unbewusste Schicht von Spannung gesehen, welche die Ursache unserer Symptome und Konflikte ist.

Beim Wahrnehmen dieser Lebensprinzipien hat Robert gesehen, dass die Ursache aller Symptome von Krankheit und Disharmonie, welche er die Trennung von Afferenz und Efferenz nennt, stammen.

Diese Trennung war der Beginn der Spannungen der Menschheit, welche sich dann in die anfänglichen Stressmuster für die Menschheit und den ursprünglichen Grund hinter all unseren persönlichen und globalen Dilemmas entwickelte. Die negativen Stressmuster werden am Leben gehalten, weil sie durch genetische und karmische Muster weitergegeben werden.

Das heisst, dass Stress zeitlich weiterziehen und jede Generation beeinflussen kann Diese Stressmuster werden bei der Befruchtung zu einem Teil unseres Zellenaufbaus. Diese Muster beeinflussen uns beim Empfängnis und während unseres vorgeburtlichen Entwicklung, sowie während des ganzen Lebens. Die Qualität unserer Gesundheit und jeglicher Aspekt unseres Lebens sind von diesen Mustern beeinflusst.

Robert benutzte die Begriffe Afferenz und Efferenz als Hilfsmittel, um die Dynamik des Lebens auf diesem Planeten zu erklären. Es gelang ihm mit seinen Beobachtungen eine besondere Perspektive in zwischenmenschlichen Beziehungen und unser Wohlbefinden aufzuzeigen.

Als Robert all diese Beobachtungen machte, begann sich ihm die Anwendung der Metamorphose zu offenbaren. Als er Reflexzonen Therapie anwandte, bemerkte er wenn er an den Fersen arbeitete, dass viele seiner Kunden von Problemen mit deren Müttern sprachen. Er begann ein Muster zu sehen und wunderte sich, wo die Probleme mit dem Vater am Fuss vertreten sind.

Eines Morgens während er in der Badewanne sass, wo Robert oft Einblick gewann, sah er das pränatale Muster im Zusammenhang mit den Füssen. Wenn die Ferse das Mutter Prinzip/Geburt darstellte, dann war es nur logisch dass das Empfängnis das Vater Prinzip darstellte; und das ist wo sein Einfluss eingeführt wird. Er sah, dass der Punkt des Empfängnis mit einem Bereich an der grossen Zeh übereinstimmte.

Von seinen verschiedenen Beobachtungen schaffte Robert eine neue Abbildung mit Reflexpunkten der Wirbelsäule, welche die Zeitspanne zwischen vor dem Empfängnis bis zur Geburt aufzeigt. Robert wurde ein grossartiges Bild offenbart, wie er die Störungen des Einzelnen und des Kollektiven, welchen die Menschheit und alle Lebensformen unterworfen sind, angehen kann.

Robert verstand, dass Reflexpunkte als Symbole dienen eine gewisse Absicht zu vermitteln und erkannte, dass die Wirbelsäule der zentrale Punkt des Körpers ist. Dies bewegte ihn dazu die Füsse von einer anderen Sichtweise, als mit der Reflexzonen Therapie, zu behandeln. Er begann das ursprüngliche Ungleichgewicht der Menschheit als Ganzes zu berücksichtigen. Seine Beobachtungen, die er als Afferenz und Efferenz benannte, wurden zur Grundlage seiner Arbeitsweise. Als sich seine Perspektive änderte, begannen sich seine Kunden auf allen Ebenen und nicht nur körperlich zu ändern. Das war der Anfang der Metamorphose.

Trotz des grandiosen Wesens der Philosophie, bleibt die Metamorphose eine einfache und praktische Anwendung um unbewusste Stressmuster anzugehen. Die Tiefgründigkeit liegt daran, den Intellekt bei der Behandlung nicht miteinzubeziehen. Wir kommunizieren die Absicht der Metamorphose über die Reflexpunkte direkt an den unbewussten Verstand - die Lebenskraft - die Zellenintelligenz. Der unbewusste Verstand kommuniziert mit Symbolen und aus diesem Grund reagiert er so gut auf diese nonverbale Annäherung.

Metamorphose erkennt an, dass wir über eine angeborene Selbstheilung verfügen. Wir sind grundsätzlich ausgestattet Krankheit, Schmerzen und Trauma selber zu heilen. Metamorphose erkennt auch an, dass das grundlegende Prinzip der Heilung auf Absicht basiert. Der Umfang der Absicht wird zur Lösung. Wenn die Absicht ist auf der körperlichen Ebene zu heilen, wird dies das Resultat sein. Wenn jedoch die Absicht ist, am Ursprung der Spannungen der Menschheit zu heilen, wird das zum Resultat.

Wir sind beim Ausmass unserer Absicht, und was wir als mögliches Ergebnis sehen, eingeschränkt. Insgesamt sind wir beschränkt zu glauben, dass unser Wohlbefinden von Experten abhängig ist. Wir können es uns oft gar nicht vorstellen, dass wir selber fähig sind gewaltige Änderungen zu vollbringen.

Robert hat wundervolle Arbeit geleistet uns daran zu erinnern, dass uns Selbstheilung angeboren wurde und wenn wir diese Haltung annehmen, können Körper und Geist gewaltige Veränderungen vollbringen - eine wahre Metamorphose.

Die Prinzipien

Metamorphose bedeutet Transmutation in eine feinere Substanz.

Die Prinzipien der Metamorphose sind die Essenz der Arbeit. Die Praxis der Metamorphose definiert nicht die Arbeit; sie bietet ein Weg, die Prinzipien zu vermitteln.

Robert erklärte mir einmal, dass er das Thema der Metamorphose genauer betrachten musste, um die Symbole zu erschaffen, die wir benutzen. Er sagte, dass er so zu sagen "Die Arbeit in den Kosmos gestellt habe", was es uns ermöglicht, mit dem Thema zu arbeiten, ohne alles intellektuell verstehen zu müssen.

Die Information ist der Bauplan für die Arbeit, die dir eine Basis bietet, von der aus du arbeiten kannst. Sobald du die primären Prinzipien verkörperst, sind die Einzelheiten nicht mehr notwendig. Die Information wird zu einem Thema, das deiner Entscheidung innewohnt, Metamorphose zu praktizieren.

Eine perfekte Analogie dafür ist das Zusammensetzen eines Puzzles. Während du es zusammensetzt, widmest du jedem individuellen Teil des Puzzles Aufmerksamkeit. Sowie das Gesamtbild des Puzzles in Erscheinung tritt, werden die Puzzlestücke / die Einzelheiten für sich weniger wichtig.

Die grundlegenden Prinzipien der Metamorphose sind Afferenz und Efferenz sowie das Pränatale Muster. Das Thema der Afferenz und

Efferenz erklärt, warum die Menschheit ihre Dilemmas erlebt und bietet eine neue Perspektive auf die Dynamiken des Lebens, der Heilung und der Beziehungen. Das Pränatale Muster erklärt deinen individuellen Teil im Gesamtbild und hilft dir, zu sehen, wie die tieferliegende Spannung uns alle auf einzigartige Weise als Individuen beeinflusst.

Es ist hilfreich, zu realisieren, dass du die Prinzipien nicht voll und ganz verstehen musst, um Metamorphose zu praktizieren. Es ist nicht die Idee, das Thema zu studieren, sondern es zu erfahren. Wenn man ein Bewusstsein über die Prinzipien hat, werden sie - so zu sagen – aktiviert. Je mehr du dich mit den Prinzipien in deinem alltäglichen Leben beschäftigst, desto mehr wird sich die Perspektive dir durch deine eigenen Beobachtungen offenbaren. Um diese neue Perspektive zu sehen, ist es wichtig, offen zu bleiben. Es ist einfach, zu versuchen, dein altes Denken mit einzubringen, aber dies wird dir nicht helfen.

Metamorphose is ein lebendiges Thema, auf das du dich natürlicherweise einlässt, wann immer du die Arbeit praktizierst, sowie wenn du darüber liest, redest oder nachdenkst. Behalte beim Lesen im Hinterkopf, dass Metamorphose nicht linear ist. Die Informationen werden miteinander verwoben als ein Ganzes, um schließlich das größere Gesamtbild zu erschaffen, durch das Anwenden der Prinzipien als verschiedene Teile des Puzzles.

Metamorphose unterscheidet sich deutlich von anderen Ansätzen und verändert deine Sicht auf die Themen der Heilung, der Beziehungen und der globalen Dynamiken. Es ist hilfreich zu erinnern, das du nochmal nachprüfst, wie du auf die Themen Wohlbefinden und Beziehungen schaust. Metamorphose macht die Bewältigung des Lebens und seiner Herausforderungen sehr einfach, was es dir erlaubt, den Fokus darauf zu richten, was du im Leben liebst, anstatt auf das, was falsch ist.

Bitte sei geduldig und offen für das Erlauben, die Essenz in Erscheinung treten zu lassen.

Afferenz & Efferenz

Da das Konzept von Afferenz und Efferenz eines der grundlegenden Prinzipien der Metamorphose ist, werde ich zu Beginn kurz erklären, was sie bedeuten. Am Ende dieses Abschnitts gehe ich detaillierter darauf ein, wie ihre Dynamik jeden Aspekt des Lebens beeinflusst.

Bitte sei geduldig während du liest und erlaube es einer neuen Sichtweise zu erscheinen. Behalte im Hinterkopf, dass während alle Prinzipien zusammenarbeiten, das Thema Afferenz und Efferenz sie miteinander verbinden.

Robert beobachtete, dass die Dynamik des Lebens auf diesem Planeten auf etwas basiert, was er Afferenz und Efferenz nannte. Ihre interaktive Dynamik beeinflusst unsere Gesundheit, Persönlichkeiten, Beziehungen und das globale Wohlbefinden, sowie unsere Sichtweise auf das Leben, die Schöpfung, Religion und Heilung.

Der Begriff Afferenz definiert die Prinzipien des Bewusstseins und des Gewahrseins, und der Begriff Efferenz definiert die Prinzipien von Handlung und Reaktion / Antwort. Zusammen definieren sie die Dynamik aller Interaktionen innerlich, zwischenmenschlich und global, und erschaffen damit das Leben so wie wir es kennen. Afferenz ist das Leben selbst, und Efferenz gibt diesem Leben ein Zuhause. Efferenz ist der Körper und das Gehirn. Der Geist ist die duale Funktion von Afferenz und Efferenz.

Afferenz und Efferenz operieren stets zusammen in einer positiven oder negativen Art und Weise. Ähnlich wie beim Tanzen, manchmal fließt der Tanz und fühlt sich wundervoll an, und manchmal fühlt er sich komisch und unkomfortabel an. Sie sind ständig in Beziehung miteinander, expandieren und kontrahieren auf der Grundlage dessen, wieviel Spannung präsent ist. Afferent und efferent sind lateinische Worte, die jeweils die Bewegung nach innen sowie nach außen beschreiben. In der Metamorphose definieren sie die zwei grundsätzlichen Geisteshaltungen, die zwanghafte Natur, sich vom Leben zurückzuziehen oder vorwärts ins Leben zu drängen.

Leute versuchen häufig, Afferenz mit Introversion oder Yin gleichzusetzen und Efferenz mit Extroversion oder Yang. Obwohl es dort Ähnlichkeiten gibt, verhält sich das Gesamtbild anders. Afferenz und Efferenz auf eine andere Theorie zu beziehen, bringt eine weitere Denkschule hinein, was dich in den meisten Fällen in eine andere Richtung als zum Thema der Metamorphose führt.

Unbewusste Spannung
Im Wesentlichen ist Metamorphose das Verstehen von unbewusster Spannung. Diese stellt eine unsichtbare Barriere dar gegen alles, was du versuchst zu reparieren, zu verändern oder zu heilen. Ich schaue immer nach der besten Analogie, um es zu erklären.

Manchmal sage ich, es ist wie das Öffnen einer Tür zum größeren Gesamtbild von Spannung und zu sehen, wie du damit verbunden bist. Es ist das Gewahrsein darüber, das sie gehen lässt. Ähnlich wie wenn du unter Stress stehst und deine Schultern zu den Ohren hochgezogen sind. Wenn du Bewusstsein darüber hast, ändert es sich einfach mit der Bewusstheit. Gewahrsein ist der Schlüssel, die Antwort erfolgt automatisch.

Diese unbewusste Spannung erreicht dich bei der Empfängnis und beeinflusst auf allen Ebenen, wie du dich im Mutterleib entwickelst. Es ist deine primäre Quelle der Spannung. Die Quelle außerhalb deiner Selbst im Mutterleib und im Verlauf des Lebens ist sekundär.

Wie deine Antwort of den alltäglichen Stress aussieht, hat damit zu tun, wie viel `unsichtbare` Spannung im Weg ist. Wenn du ein Trauma hast, hindert dich diese Spannung daran, über den Vorfall hinauszugehen. Süchte sind Bewältigungsstrategien für diese tiefere Spannung.

Diese Spannung liegt unter all dem, was wir versuchen zu reparieren, zu verändern, oder zu heilen.

Blockaden
Wir funktionieren zwanghaft und unbewusst von einer unbewussten Spannung her, was eine Blockierung des Flusses der Energie zwischen Afferenz und Efferenz erschafft. Die Praxis der Metamorphose ist das Loslassen dieser Blockaden, sodass die Energie fließt.

Wenn der Fluss unterbrochen wird, führt dies dazu dass wir reaktiv auf das Leben reagieren, was Störungen und Disharmonien auf allen Funktionsebenen hervorruft. Wenn wir in einer vernünftigen Balance von Afferenz und Efferenz leben, antworten wir auf das Leben, was eine harmonische Interaktion mit dem Leben und allen Lebenwesen darstellt.

Eine Reaktion ist eine gestresste Interaktion mit dem Leben und drückt sich als Krankheit, Konditionierung, Verletzung, Disharmonie und Konflikt aus. Diese können sowohl individuell als kollektiv erfahren werden.

Heute ist es ein verbreiteter Gedanke zu sagen, dass alles Leben auf einer Reihe von Entscheidungen basiert. Mit der Metamorphose erkennen wir, dass wir zwanghaft und unbewusst wählen aus einer unbewussten Spannung heraus. Wenn sich diese Spannung löst, wirst du bemerken, dass du die Freiheit hast, zu wählen. Das ist eine Antwort.

Wenn unsere Lebenskraft eine Blockade erfährt, drückt sie sich automatisch auf eine gestresste Art aus. Wir benutzen das Wort Zwang, denn diese Dynamik geschieht ohne Wahl. Manchmal sind wir uns über die Blockaden bewusst, die unsere Störungen erschaffen. Ein anderes mal können wir erkennen, dass die Blockaden in unserem Leben von innen her kommen.

Robert nannte Blockaden afferenter Natur karmisch, was heißt aus der Vergangenheit stammend und in der Sphäre der Gedanken existierend. (Das Wort karmisch sollte nicht verwechselt werden mit der Art, wie Hindus das Wort gebrauchen.) Sie drücken sich aus im Bezug auf den Kopf als mentale Spannung, Störung oder Krankheit.

Efferente Blockaden sind genetisch und werden weitergegeben über die mütterlichen und väterlichen Gene, zurückgehend bis zum Beginn deiner gesamten Vererbungslinie. Sie drücken sich physisch, emotional sowie im Verhalten aus.

Im Gleichgewicht lebst du im gegenwärtigen Moment. Gelegentlich bekommst du einen Einblick in diesen ausgeglichenen Zustand wenn du dich voll und ganz einlässt auf etwas, das dir Freude macht. Das geschieht, wenn alles auf perfekte Weise und ohne Anstrengung zusammenkommt, und du im gegenwärtigen Moment präsent bist.

Die diejenigen, die das Gesetz der Anziehung wertschätzen: Wenn die tieferliegende Spannung sich löst, wird deine Fähigkeit zu manifestieren gestärkt. Es ist die Spannung, die im Wege ist, die deine Fähigkeit zu manifestieren einschränkt.

Muster
Oft verstanden im Sinne von tieferliegenden Mustern oder Stressmustern, benutzen wir diesen Begriff, um die Natur und den Ausdruck einer Blockade zu erklären. Muster können sich ausdrücken auf physischer, mentaler,

emotionaler, verhaltensmäßiger und spiritueller Ebene.

Menschen erleben physische Schmerzmuster, Unbehagen, Verletzung und Krankheit. Manche Menschen erleben bestimmte Emotionen regelmäßig. Diese Emotion ist zwanghafter Natur und die Person fühlt sich oft außer Kontrolle und nicht fähig, auf die gewünschte oder positive Art darauf zu antworten. Sie fühlen sich regelmäßig wütend, frustriert, neidisch, unsicher oder depressiv.

Mentale Muster drücken sich aus als geistige Erkrankung, exzessives Sorgen, Angst und Kopfschmerzen. Manchmal fühlt es sich so an als würde der Mind niemals Ruhe geben und die Menschen sogar in der Nacht wachhalten.

Kinder legen oft zwanghaftes Verhalten an den Tag, das von tieferliegendem Stress herrührt. Ich finde es faszinierend, denn man kann die Muster in ihrem Verhalten sehen sowie ihre Gesichtsausdrücke. Sie sind nicht darin geübt, und versuchen es auch nicht, ihre Muster zu verstecken wie es die Erwachsenen tun. So sind ihre Muster offensichtlicher.

Spirituelle Muster werden häufig erlebt als das Gefühl, nicht verbunden zu sein mit dem Sinn des Lebens. Wir sind natürlicherweise an ein größeres Bewusstsein angebunden aber realisieren es nicht immer, da unsere Blockaden ein Gefühl der Isolation oder Trennung von der Quelle hervorrufen.

Sucht ist ein Muster, bei dem die Bewältigung der tieferliegenden Spannung durch etwas Äußeres von dir selbst angestrebt wird. Manche Muster drücken sich als Haltungen wie Armut, Überlebensdrang, Kampf oder Konflikt aus. Die Leben vieler Menschen sind voll von Drama und Chaos. Wir alle haben vorherrschende Muster in denen wir zwanghaft und immer wieder funktionieren. Diese Muster neigen dazu, unser Leben individuell und kollektiv auf subtile und bedeutende Weise zu bestimmen.

Achte ohne zu urteilen auf die Muster, die in dir selbst und in anderen wirken. Normalerweise kannst du die Muster in anderen leichter erkennen als in dir selbst. Vielleicht beginnst zu erkennen, dass das, was du einst für eine Persönlichkeitseigenschaft hieltest, ein Spannungsmuster ist. Vielleicht beginnst du auch, mehr Mitgefühl für dich und andere zu empfinden, wenn du die zwanghafte Natur deiner eigenen Muster erkennst. Noch besser ist es, wenn du erkennst, dass du diese Muster ändern kannst. Wenn die Anspannung nachlässt, lösen sich diese Muster ganz natürlich auf, ohne Analyse oder Anstrengung.

Wenn man sich in einem Muster befindet, ist die Option und die Fähigkeit zu wählen einfach nicht vorhanden. Das zwanghafte Muster setzt unbewusst ein. Manche Menschen nennen das, dass ihre Knöpfe gedrückt werden. Wir nennen es, dass die zugrunde liegende Spannung stimuliert wird. Wir alle hatten schon Momente, in denen wir uns wünschten, anders gehandelt zu haben. Ich denke, das erklärt, warum wir nicht immer in der Lage sind, der Mensch zu sein, der wir sein wollen.

Wenn du die Blockaden loslässt, die die Muster erzeugen, wirst du weniger zwanghaft und reaktiv. Du kannst beginnen, dein Leben zu gestalten, anstatt es von deinen Blockaden und Mustern gestalten zu lassen.

Wir haben oft das Bedürfnis, unsere Muster zu analysieren, um sie zu verstehen und zu verändern. Die Praxis der Metamorphose befasst sich mit der Hauptquelle unserer Muster: der Spannung zwischen Afferenz und Efferenz. Wenn die Spannung nachlässt, kommst du in ein besseres Gleichgewicht. Dies ermöglicht eine Veränderung ohne Analyse.

Einstimmen

Einstimmen bedeutet einfach, mit einem intuitiven oder inneren Gewahrsein aufmerksam zu sein. Wenn wir Metamorphose praktizieren stimmen wir uns auf einen Reflexpunkt ein ohne Diagnose oder Interpretation. Metamorphose ist nonverbal und nicht-direktiv.

Als Behandler bist du einfach ein Katalysator. Die Aufmerksamkeit auf einen Reflexpunkt, begleitet von der inneren Intention der Metamorphose, ruft eine Antwort hervor, die aus der angeborenen Intelligenz der behandelten Person kommt. Bewusstsein scheint auf die unbewussten inneren Muster und schafft einen Wandel auf zellulärer Ebene.

Einstimmen ist das einfache Gegenwärtigsein mit einer anderen Person und das Erlauben der Heilung oder des Wandels. Das ist das Gegenteil des Versuchs oder des Herbeiführens von Wandel oder Heilung.(Nur als Erinnerung: Ich verwende das Wort Heilung im Sinne vom Erschaffen eines gesünderen und harmonischerem Zugang zum Leben.)

Das Einstimmen ist eine natürliche Fähigkeit, manche Menschen sind sich dessen einfach bewusster als andere. Wir alle kennen die Erfahrung, einen Raum zu betreten und zu bemerken, dass ein Streit stattgefunden hat, einfach weil uns die Spannung in der Luft bewusst wird.

Das Sich-Einstimmen auf einen Reflexpunkt ist ähnlich. Wenn wir Metamorphose praktizieren werden wir uns bewusst über die zugrundeliegende Spannung in der Person. Wie bei dem Streit wissen wir nicht unbedingt worum es bei der Spannung geht, aber wir sind uns ihrer gewahr.

Du kannst das Konzept der Einstimmung während des täglichen Lebens anwenden. Stimm dich ein in die Natur der Muster, die in irgendeiner Person oder globalen Interaktion wirken. So wirst du beginnen, die Beziehung von Afferenz und Efferenz überall um dich herum zu sehen.

Identifizierung

Wir neigen dazu, uns mit unseren Mustern zu identifizieren, indem wir ihnen Etiketten geben: z. B. Sucht, Störung, Krankheit oder Zustand. Menschen sagen oft "Ich bin" oder "Ich habe" und identifizieren sich so mit ihren Mustern.

Wir identifizieren uns auch mit den Gefühlen und Erfahrungen anderer. Ich bin sicher, du kannst dich an eine Zeit erinnern, in der du einen Film gesehen oder eine schwierige Geschichte gehört hast und dich sehr emotional gefühlt hast. Das emotionale Gefühl verschwindet nach kurzer Zeit, wenn man sich nicht mehr mit der Geschichte oder der Figur identifiziert.

Robert hatte eine Verwandte, die mit dem Down-Syndrom geboren wurde. Anstatt sie als solche abzustempeln, praktizierte er mit ihr im Säuglingsalter die Metamorphose, und sie entwickelte sich zu einem Mädchen ohne jegliche Symptome des Down-Syndroms. Robert war der Meinung, dass es besser ist, Menschen nicht zu etikettieren. Wenn man sich einmal mit einem Muster identifiziert hat, ist es schwieriger, es loszulassen.

Robert sagte immer, dass man etwas nicht loslassen kann, wenn man sich darauf konzentriert. Vor allem, wenn man älter wird, denn die eigene Realität oder Identität basiert oft auf den Etiketten, die man bekommen hat, oder auf Problemen, mit denen man sich identifiziert.

Lasse mich eine Geschichte über meinen Mann Dean erzählen, der sich mit einer Diagnose identifizierte, die ihm gestellt wurde. Vor vielen Jahren begann Dean, Probleme mit seinen Knöcheln zu bekommen. Zu dieser Zeit war er der Metamorphose nicht zugeneigt, also entschied ich mich, seine Situation zu beobachten. Ein Chiropraktiker teilte ihm mit, dass er eine Sehnenentzündung habe, die er für den Rest seines Lebens haben würde. Dean wurde angewiesen, jeden Abend Dehnübungen zu machen und die Sehne regelmäßig zu kühlen. Er begann, sich regelmäßig mit einem Eisbeutel in den Sessel zu setzen und jeden Abend seine Dehnübungen zu machen.

Interessant zu beobachten war der unglaubliche Rückgang, den Dean erlebte. Da er leidenschaftlich gern Golf spielt, hatte er die Vorstellung, dass er dadurch vom Spiel abgehalten werden würde. Als er sich immer mehr mit seinem Zustand identifizierte, begann er, seine Lebensmotivation zu verlieren und wurde depressiv.

Schließlich fragte Dean nach mehreren Metamorphose-Behandlungen. Schon nach kurzer Zeit hörte er auf, den Eisbeutel zu benutzen. Es war keine bewusste Entscheidung; es war, als hätte er seine Knöchel ganz vergessen. Das Problem verschwand einfach, und es war ein so subtiler Übergang, dass er es nicht einmal bemerkte.

Deans Geschichte ist ein perfektes Beispiel dafür, was passieren kann, wenn wir beginnen, uns mit einem Symptom oder einer Situation zu identifizieren, und wie leicht wir das Symptom überwinden können, wenn wir uns entscheiden, das zugrunde liegende Muster anzugehen. Bitte beachte, dass dies nicht bedeutet, dass du Gesundheitsprobleme ignorieren solltest, sondern dass du darüber nachdenken solltest, wie sehr wir alles etikettieren... Ich neige dazu, zu sagen, dass es das ist, was im Moment passiert, aber das kann sich ändern. Ich bin immer noch verantwortungsbewusst, wenn es medizinisch notwendig ist, aber ich halte mir die Tür offen, dass sich das ändern kann, wenn die Spannung nachlässt.

Das Motiv
Das Motiv ist ein primäres Element in allen Gedanken und Handlungen.

Das Motiv ist ein wichtiger Aspekt der Metamorphose. Beginne, ohne zu urteilen, deine Motive zu bemerken, wenn du Metamorphose an anderen praktizierst. Wenn du eine Behandlung durchführst, neigst du dann dazu, die Rolle des Heilers zu übernehmen? Suchst du nach Anerkennung, Wiederholungsaufträgen oder einer Überweisung? Hast du den Wunsch, dass Menschen sich ändern sollen, z. B. ein Familienmitglied oder den Ehepartner?

Natürlich erleben wir alle diese Gedanken von Zeit zu Zeit, aber ist dies ein Hauptmotiv? Wenn ja, ist es am besten, an sich selbst zu arbeiten, bis sich dieses Muster ändert. Die Menschen spüren, wenn sich Ihr Motiv um dich dreht, obwohl es eigentlich um sie gehen sollte, und sind dann nicht mehr so empfänglich für die Behandlung.

Wie bei allen Prinzipien der Metamorphose kannst du das Konzept des Motivs auf dein tägliches Leben anwenden. Achte auf die zugrundeliegenden Motive, die in dir und anderen den ganzen Tag über wirken. Oft sind die Handlungen einer Person aufgrund ihrer zugrunde liegenden Muster nicht wünschenswert, aber ihre Absicht oder ihr Motiv ist gut. Manchmal sind die Handlungen einer Person wünschenswert, aber ihr Motiv ist eigennützig, daher der Hintergedanke. Was eine Person motiviert, ist oft von größerer Bedeutung als ihre Handlungen.

Ich finde es im Umgang mit Menschen hilfreich, ihre allgemeine Natur zu bemerken und nicht die negativen Aspekte ihrer Muster. Menschen neigen dazu, sich entweder für das zu interessieren, was gut für das Ganze ist, oder für das, was gut für sie selbst ist. Natürlich kann sich die allgemeine Natur eines Menschen ändern, wenn er in ein besseres Gleichgewicht kommt.

Absicht
Der Zweck dieses Buches ist es, die Absicht der Metamorphose zu verdeutlichen. Diese besteht letztlich darin, die Spannung zwischen Afferenz

und Efferenz zu lösen, so dass du dich mit mehr Anmut und Leichtigkeit durchs Leben bewegst, wenn diese Spannung nachlässt.

Deine Beziehungen zu dir selbst und zu anderen werden einfacher und freundlicher. Ich erinnere die Menschen gern daran, freundlich zu sich selbst zu sein, denn wir alle neigen dazu, so hart mit uns selbst umzugehen. Wenn du dich daran erinnern kannst, dass das, was du an dir selbst nicht magst, Spannung ist, ist es einfacher, Mitgefühl für die zwanghafte und unbewusste Natur deiner eigenen Muster zu haben. Es ist alles Spannung, und Spannung ist niemals angenehm oder bequem. Und wenn die Spannung nachlässt, leuchten deine besten Eigenschaften heller, und gestresste Eigenschaften lassen nach. Und das Beste daran ist, dass du deine Aufmerksamkeit von dem Problem abwendest und einfach zulässt, dass die Spannung nachlässt.

Ein weiterer wichtiger Aspekt, den es zu berücksichtigen gilt, ist der Bandbreite der Intention. Wohin führt die Intention? Zu einem Symptom, einer Zeitspanne oder dem zugrunde liegenden Muster hinter dem Symptom, dem Drama, dem Konflikt oder dem Trauma? Der Rahmen der Intention bestimmt den Rahmen des Ergebnisses.

Robert stellte fest, dass, wenn die Absicht darin bestand, ein Symptom zu heilen, das Symptom oft verschwand. Da aber das zugrunde liegende Muster nicht angegangen wurde, kehrte das Symptom zurück, oder es entstanden neue. Die Person befand sich dann in einem ständigen Kreislauf der Symptombehandlung.

Es ist hilfreich, sich daran zu erinnern, dass der Anstoß für die Entwicklung von Metamorphose die Tatsache ist, dass sich im größeren Bild der Spannung nie wirklich etwas ändert. Wir heilen eine Krankheit, wir erschaffen eine andere. Wir beenden einen Krieg und fangen einen anderen an, und so weiter. Das Gesamtbild der Spannung hat sich nie verändert.

Der Wunsch, Symptome zu heilen, hat zu einer Reihe von Heilungsansätzen geführt, von denen die meisten in ihrer Absicht begrenzt sind. Einige Modalitäten behandeln körperliche Symptome, andere mentale, emotionale oder verhaltensbezogene. Einige versuchen, die Symptome der ganzen Person einzubeziehen, aber der Schwerpunkt liegt immer noch auf den Symptomen. Das macht Heilung ziemlich kompliziert und erfordert eine Hierarchie von Experten. Von Natur aus sind wir selbstheilend, und was dem im Wege steht, ist Spannung.

Metamorphose ist das Gegenteil von Heilung, denn wenn man heilen will, behandelt man Symptome. Wenn die Spannung nachlässt, geschieht Heilung auf natürliche Weise, das ist das Ergebnis, nicht das Ziel.

Betrachte die Bandbreite deiner Intention in Bezug auf ein Ereignis oder eine Zeitspanne. Blickst du auf die Kindheit, die Geburt, die Empfängnis oder ein vergangenes Leben zurück? Sich auf ein Ereignis in der Zeit zu konzentrieren, ist ein symptomatischer Ansatz.

Wir sind eher an den zugrunde liegenden Mustern der Vergangenheit interessiert, die in der Gegenwart weiterhin Störungen verursachen. Warum beeinflusst etwas aus der Vergangenheit dich jetzt?

Wenn du die negativen Einflüsse der Vergangenheit loslässt, brauchst du dich nicht mehr an einen früheren Stress oder ein Trauma zu erinnern oder zu verstehen. Wenn du dich auf Stress aus der Vergangenheit konzentrierst, behinderst du das Loslassen des Stresses. Je mehr du dich auf ein Muster oder Problem konzentrierst, desto weniger Raum hat es, sich zu lösen. Es lohnt sich, diese Worte zu wiederholen, weil wir normalerweise denken, dass ein Problem verschwindet, wenn wir uns auf es konzentrieren.

Diejenigen unter euch, die gerne das Warum und Wie der Dinge verstehen, sollten versuchen, loszulassen und zuzulassen, dass die Einsicht zu ihnen kommt. Dies ist ein natürlicher Prozess und erfordert keine Anstrengung deinerseits. Zulassen statt tun ist ein Thema der Metamorphose.

Die Intention der Metamorphose geht auf den Ursprung des Stresses für die Menschheit zurück: die Spannung, die Afferenz und Efferenz auseinandertrieb.

Dies führte zu all den Störungen, mit denen die Menschheit zu kämpfen hat. Wenn diese Spannung nachlässt, harmonisiert sich ihre Polarität. Der Schwerpunkt der Arbeit liegt also auf der Polarität von Afferenz und Efferenz.

Der Afferent – Efferent Dynamik in der Persönlichkeit

Obwohl es nicht notwendig ist, das Prinzip von Afferenz und Efferenz aufzuschlüsseln, ist es hilfreich, dir zu zeigen, wie deine Dynamik in jedem Moment und jedem Aspekt des Lebens auftritt.

Unblockierte Afferenz ist reines Bewusstsein und Gewahrsein. Unblockierte Efferenz ist Aktion und Antwort. Die Afferenz hat einen Gedanken und die Efferenz antwortet, indem sie den Gedanken in die Tat oder Manifestation umsetzt; sie funktionieren gemeinsam. Von unblockierter Afferenz und Efferenz aus zu funktionieren bedeutet, im gegenwärtigen Moment in einem Zustand der Antwort auf das Leben zu leben.

Wenn man die Merkmale von Afferenz und Efferenz bei Mensche beobachtet, neigt man dazu, sie zu etikettieren. Denke daran, dass , wenn Du jemanden etikettierst, Du nicht mehr wirklich mit dieser Person in Beziehung stehst. Zwar hat jeder Mensch eine afferente oder efferente Ausrichtung, aber jemanden als afferent oder efferent zu bezeichnen, bringt nichts. Genau wie bei Symptomen und Zuständen ist es am besten, sich nicht mit einer Orientierung zu identifizieren, da dies dazu führt, dass man in diesem Muster verharrt.

Es ist sinnvoller, die Dynamik zwischen Afferenz und Efferenz zu verstehen und die Weise wie sie sich in einem selbst, in anderen und in der globalen Umwelt manifestiert. Das Ziel der Metamorphose ist es, ein Gleichgewicht zwischen Afferenz und Efferenz herzustellen. In dem Maße, in dem sich die beiden in ein Gleichgewicht bringen, wird die Beziehung zwischen ihnen positiver, gesünder und kreativer. Anders ausgedrückt: Wenn die Spannung zwischen den beiden abnimmt oder nicht mehr besteht, beginnen wir in jeder Hinsicht optimaler zu funktionieren.

Afferenz oder Efferenz als deine primäre Orientierung
" Afferent und Efferent - Diese beiden Bezeichnungen liefern uns einen "Kanal" des Denkens vom Beginn der Ursache des Stresses an - manchmal vom Beginn der Zeit an. Dies im Detail zu analysieren war nur notwendig, um das Symbol zu schaffen." -Robert St. John

Bei der Empfängnis nimmst du aufgrund deiner genetischen und karmischen Einflüsse eine afferente oder efferente Ausrichtung auf das Leben an. Diese Ausrichtung bestimmt, wie du das Leben siehst und wie du die Belastungen des Lebens interpretierst und handhabst. Wir nennen es eher eine Orientierung als eine Tendenz, weil deine primäre Perspektive dich darauf ausrichtet, wie du das Leben betrachtest und angehst.

Es ist wichtig zu wissen, dass du zwar eine afferente oder efferente Orientierung hast, dass du aber sowohl afferente als auch efferente Blockaden erlebst. Auch im Laufe des Tages erlebst du afferente und efferente Standpunkte. Du hast die Fähigkeit, in jedem beliebigen Moment afferent oder efferent zu sein, je nach der Situation oder den Menschen, die zu diesem Zeitpunkt anwesend sind.

Afferenz und Efferenz sind nicht linear. Sie funktionieren als eine Dynamik, die in jedem Moment und in jeder Interaktion wirksam ist. Das erklärt, warum wir afferent orientiert sein können und gleichzeitig efferent denken oder handeln, und umgekehrt.

Es ist hilfreich, die Bewegungsrichtung von Afferenz und Efferenz zu beachten, wenn man die Natur eines Blocks oder Musters betrachtet. Im Allgemeinen zieht sich die Afferenz aufgrund von Stress zwanghaft nach innen zurück und die Efferenz drängt zwanghaft nach außen. Bedenke, dass Stress am häufigsten von innen kommt, aufgrund unserer zugrunde liegenden Stressmuster. Wir reagieren auf äußeren Stress auf der Grundlage des Ausmaßes und der Art unseres inneren Stresses. Dieser Stress spielt sich auf einer unbewussten Ebene ab. Wir sind uns oft nicht bewusst, dass er unsere Entscheidungen motiviert und unser Wohlbefinden sowie unsere Beziehungen zu anderen Menschen beeinflusst.

Afferent orientierte Menschen neigen dazu, ihre Aufmerksamkeit und ihren Stress nach innen zu richten, sich selbst die Schuld an Konflikten zu geben und ihre eigenen Schwächen schmerzlich zu erkennen. Sie neigen dazu, das Leben innerlich zu leben, zu denken und zu beobachten, anstatt sich zu beteiligen. Die Zeit, die sie allein verbringen, ist ihnen oft lieber als die Zeit, die sie mit anderen verbringen. Sie neigen dazu, nach innerer Führung und Orientierung zu suchen. Beachte, dass die Richtung zum Selbst oder innerhalb des Selbst ausgerichtet ist.

Efferent Orientierte neigen dazu, ihre Aufmerksamkeit und ihren Stress nach außen auf andere zu richten, andere für Konflikte verantwortlich zu machen und die Fehler der anderen zu erkennen. Sie neigen dazu, ihr Leben nach außen hin zu leben, sich an Gruppenaktivitäten zu beteiligen und sich weniger mit sich selbst zu beschäftigen. Sie neigen auch dazu, Führung und Leitung von außen zu suchen und schaffen dabei oft eine hierarchische Struktur. Beachte, dass diese Richtung weg vom Selbst weist.

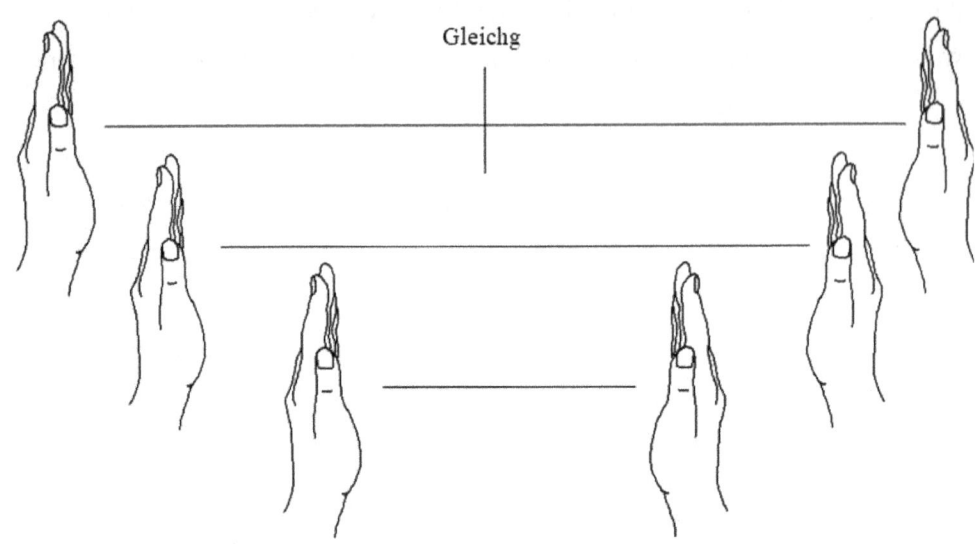

Jeweiter du dich vom Gleichgewicht zwischen Afferenz und Efferenz entfernst, desto extremer sind deine Muster, Reaktionen und der Grad deiner inneren Spannung. Je näher du dem Gleichgewicht von Afferenz und Efferenz kommst, desto weniger extrem sind deine Muster, Reaktionen und der Grad deiner inneren Spannung. Der Grad der Spannung zwischen Afferenz und Efferenz nimmt ab, je mehr du dich dem Gleichgewicht näherst. Je mehr du im Gleichgewicht bist, desto leichter ist es, sowohl afferente als auch efferente Eigenschaften, positive und negative, zu erleben. Je weniger im Gleichgewicht du bist, desto schwieriger ist es, Zugang zu Qualitäten der entgegengesetzten Ausrichtung zu finden.

Wenn du im Gleichgewicht bist, kannst du die positiven Eigenschaften von Afferenz und Efferenz nach Bedarf und ohne Anstrengung abrufen. Das ist Bewusstsein, das ungehindert in Aktion tritt. Das ist das Ziel der Metamorphose, auf das Leben so zu reagieren, wie es in einem bestimmten Moment gebraucht wird.

Lass mich eine Geschichte erzählen, in der mir diese Dynamik klar wurde. 1996 organisierte ich für Robert einen Vortrag in Kalifornien. Er blieb eine Woche vor dem Vortrag in unserem Haus, so dass wir Zeit hatten, uns zusammenzusetzen und über Metamorphose zu sprechen. Robert, der von Natur aus affektiv ist, kommunizierte auf abstrakte Weise. Dies erforderte von mir, dass ich das Wesentliche von dem, was er sagte, aufnahm, anstatt Informationen zu hören. Damit ich auf diese Weise kommunizieren und mich auf das Wesen der Metamorphose einstimmen konnte, musste ich weiter in die Afferenz gehen, als ich es gewohnt war. Dies war ein Ort, an dem ich große Einsicht in das Werk fand.

Während ich es als sehr angenehm empfand, mich auf diese Weise mit Metamorphosis zu beschäftigen, klingelte das Telefon häufig mit der Bitte, mich um Details im Zusammenhang mit der Vorlesung zu kümmern. Dies erforderte sofortiges Handeln/Erscheinen. Es fiel mir schwer, auf die Dinge zu reagieren, und ich begann, mich gestresst und müde zu fühlen. Wäre ich ausgeglichener gewesen, hätte ich ganz natürlich und ohne Stress oder Anstrengung auf das reagieren können, was zu einem bestimmten Zeitpunkt erforderlich war.

Ich hatte viele Gespräche mit Robert, sowohl in dieser Woche als auch am Telefon im Laufe des Jahres vor der Vorlesung. Das Merkwürdige an jedem Gespräch war, dass ich immer mit dem Gedanken nach Hause ging: "Ich frage mich, worüber wir gerade gesprochen haben?" Ich konnte vieles von dem Gespräch nicht wiederholen, weil es auf einer anderen Ebene stattfand. Daher weiß ich, dass Metamorphose eher verinnerlicht als gelernt wird.

Die Afferente Orientierung
Diejenigen, die afferent orientiert sind, identifizieren sich eher mit dem Prinzip des Lebens als mit der Aktion des Lebens. Gewöhnlich sitzen die afferent Orientierten am Rande des Geschehens und beobachten. Indem sie am Rande stehen, vermeiden sie es, mit dem Leben zu interagieren. Man könnte dies als jemanden sehen, der es vermeidet, sich an Sport, Aktivitäten und manchmal sogar an Gesprächen zu beteiligen. Afferent Orientierte

können so ruhig und zurückgezogen sein, dass sie von anderen nicht wahrgenommen werden.

Ein lustiges Beispiel dafür, wie Afferenz nicht gesehen oder in diesem Fall gehört wird, ist meine frühere Erfahrung mit Restaurants. Wenn ich in einem Restaurant aß, kam mein Essen selten wie bestellt. Das passierte ständig und meistens nur bei meiner Bestellung. Mir wurde klar, dass meine Bestellung aufgrund meiner zurückhaltenden Art einfach nicht gehört wurde. Als ich mit der Zeit in ein besseres Gleichgewicht kam, begannen meine Bestellungen zum Glück wie gewünscht zu kommen.

Die extreme Ausprägung der afferenten Orientierung ist der Autismus. Betrachte die Natur derjenigen, die als autistisch gelten; sie befinden sich tatsächlich in einem chronischen Zustand des Rückzugs. Sie sind extrem empfindlich, und jede äußere Stimulation kann für sie überwältigend sein. Sie mögen keinen direkten Augenkontakt, und Berührungen können für sie sehr unangenehm sein. Wenn sie sehr gestresst sind, können sie hin und her wippen. Sie gehen oft auf den Zehenspitzen, da sie im Leben nicht sehr geerdet sind.

Afferent orientierte Menschen haben die Tendenz, sich vom Leben zurückzuziehen. Der Rückzug kann offensichtlich sein, z. B. durch Weglaufen oder Vermeiden von Konfrontationen, stressigen Menschen und Situationen. Der Rückzug kann aber auch nach innen gerichtet sein, manchmal so sehr, dass sie die Menschen oder die Umgebung um sich herum nicht mehr wahrnehmen. Wenn sie sich zurückziehen, ist es schwierig zu kommunizieren. Oft sind die Worte in ihrem Kopf, aber sie sind nicht in der Lage, sie auszusprechen, was zu Frustration bei allen Beteiligten führt.

Es ist nicht ungewöhnlich, dass sich eine afferent orientierte Person von Efferenz angegriffen fühlt, auch wenn es sich nicht um einen beabsichtigten

Angriff handelt. Die afferent orientierte Person empfindet die Energie der Efferenz als sehr stark, als ob sie angreift, während die efferente Seite oft denkt, dass sie sich gut verhält. Die afferent orientierte Person wird diese wirklichen oder empfundenen Nörgeleien, Kränkungen und Beleidigungen eine Zeit lang ertragen. Sie nimmt sie hin, übersieht sie, nimmt sie hin und übersieht sie, bis sie plötzlich - aufgrund der sich aufbauenden Spannung - in die Efferenz umkippt und um sich schlägt. Ihr Verhalten, das für die aktuelle Situation untypisch und oft extrem ist, weil sich die Spannung aufgebaut hat, wird von anderen oft als überreagierend, irrational oder hysterisch empfunden. Die aufgestaute Spannung ist verschwunden, aber die Frustration, nicht gehört oder verstanden zu werden, ist oft noch da. Natürlich geben sie sich selbst die Schuld für ihren Ausbruch.

Afferent orientierte Menschen neigen dazu, objektiv an das Leben heranzugehen und viele verschiedene Standpunkte zu sehen. Wenn sie sehr afferent orientiert sind, können sie oft keinen eigenen Standpunkt einnehmen. Sie neigen dazu, „wischiwaschi" zu sein. Ein ausgeglichener Mensch kann viele Möglichkeiten oder Standpunkte sehen und dennoch einen bevorzugen, ohne dass er ihn für richtig hält oder andere zustimmen müssen.

Afferent Orientierte Kinder
Da die meisten Gesellschafts- und Bildungssysteme efferenter Natur sind, ist es für Eltern afferent orientierter Kinder hilfreich, die afferente Natur zu verstehen. Die Struktur der meisten Bildungssysteme ist auf das Auswendiglernen und Wiederholen von Daten und Fakten ausgerichtet. Diejenigen, die afferent orientiert sind, verstehen die Natur oder das Prinzip von Ideen und sind oft von Daten überwältigt. Sie sehen das große Ganze und haben nicht denselben Wunsch oder dieselbe Fähigkeit, sich Daten zu merken.

Afferent orientierte Kinder bevorzugen oft Einzelaktivitäten, und die Eltern machen sich oft Sorgen, dass ihre Kinder mehr soziale Interaktion haben sollten. Eltern drängen diese Kinder häufig zu Mannschaftssportarten oder Gruppenaktivitäten, um ihnen zu helfen.

Wenn man afferente Kinder in Situationen zwingt, mit denen sie nicht zurechtkommen, selbst wenn man ihr bestes Interesse im Sinn hat, wird ihr Stress noch größer. Manche Kinder sind nicht in der Lage, ausreichend Efferenz aufzubringen, und haben ständig mit ihrer vermeintlichen Unzulänglichkeit zu kämpfen. Afferent orientierte Kinder und Erwachsene sind sich ihrer Unzulänglichkeiten sehr bewusst, da sie nach innen gerichtet sind. Wenn man sie in ein efferentes Umfeld zwingt, kann dies dazu führen, dass sie sich noch weiter zurückziehen. Dies führt oft zu süchtigem Verhalten, um mit der überwältigenden inneren und äußeren Spannung fertig zu werden.

Das soll nicht heißen, dass afferente Kinder oder Erwachsene keine sozialen Aktivitäten wünschen, aber der damit verbundene Stress kann für sie überwältigend sein.

Eine Metamorphose-Behandlung kann, wenn das Kind dafür offen ist, dazu beitragen, es in ein besseres Gleichgewicht zu bringen. Infolgedessen kann das Kind von sich aus nach sozialen Aktivitäten suchen. Kinder begreifen Metamorphose oft sofort, so dass es möglich ist, einem Kind beizubringen, an sich selbst zu arbeiten, einschließlich der Verwendung der Handsymbole. Dies ist am besten, wenn das Kind alt genug ist, um zu verstehen, was es tut, und/oder wenn die Eltern das Bedürfnis spüren, dass sich das Kind in irgendeiner Weise verändert sollte. Wenn das Kind von außen unter Druck gesetzt wird, sich zu verändern, wird es sich höchstwahrscheinlich noch weiter zurückziehen. Die Suche nach einem Therapeuten oder die Anleitung des Kindes, an sich selbst zu arbeiten, nimmt den Druck von allen Beteiligten.

Manchmal ist es offensichtlich, dass ein afferentes Kind von etwas gestört ist, und ein eher efferentes Elternteil mag sich fragen, was los ist. Wenn das Kind sehr afferent ist, wird es sich vor der Wirkung der Frage zurückziehen. Wir alle haben schon einmal einen Film oder eine Fernsehsendung gesehen, in der ein Vater seinen Sohn zum Angeln mitnimmt und einfach bei ihm sitzt. Der Junge, der sich endlich entspannen kann, beginnt zu erzählen, was ihm durch den Kopf geht. Die erdrückende Präsenz und der Druck sind weg. Für Eltern ist es hilfreich, die Natur von Afferenz und Efferenz zu verstehen und zu wissen, dass afferent orientierte Kinder und Erwachsene durchaus glücklich sein können, auch wenn sie nicht der Norm entsprechen.

In der Regel ist es besser, Menschen zu ermutigen, so zu sein, wie sie sind, ohne sich auf negative Vorstellungen davon zu konzentrieren, wie sie sein sollten. Wenn dies für die Eltern ein Problem darstellt, können Metamorphose-Behandlungen auch für sie hilfreich sein.

Afferenz in Filmen
Bruce Lee brachte die Perspektive der Nicht-Technik oder der Einstimmung in die Kampfkünste ein. Der Film `A Warrior's Journey` (Die Reise eines Kriegers) ist ein Film im Dokumentarstil, der seine Philosophie darstellt. Das Konzept des Films ist, dass Bruce sich die Etagen einer Pagode hinaufkämpft. Auf jeder Etage trifft er auf einen Gegner, der in einem anderen Kampfkunststil ausgebildet ist. Er besiegt jeden Gegner, weil er sich auf jede Situation einstellt und mit Bewusstsein und nicht mit einem trainierten Stil arbeitet. Seine Philosophie ist zwar nicht dieselbe wie die von Robert, aber beide verkörpern die Einstimmung oder die Arbeit mit dem Bewusstsein und nicht mit der Technik. Ich fand es faszinierend, dieses Konzept in physischer Form dargestellt zu sehen.

Dustin Hoffman stellte die extreme Störung der Afferenz in dem Film `Rain Man` dar. Die Figur ist sehr intelligent, konnte aber im Alltag nicht funktionieren und benötigte ständig Pflege.

Russell Crowe stellte in dem Film `A Beautiful Mind` das extreme Unbehagen dar, das afferent orientierte Menschen in sozialen Situationen empfinden können. Die von ihm dargestellte Figur war ein äußerst intelligenter Mann, der an Schizophrenie litt, einem extrem afferenten Muster.

Eine Zusammenfassung afferenter Merkmale

- Schöpferisch
- Bezieht sich auf das Prinzip des Lebens
- Eigenständiger Geist, denkt für sich selbst
- Objektiv, fähig, viele Gesichtspunkte zu sehen
- Intuitiv, inneres Wissen
- Verwendet Struktur nur bei Bedarf
- Nicht-lineare Denker
- Tendenz desorganisiert zu sein
- Zieht sich unter Stress nach innen zurück, verinnerlicht
- Opfer-Muster, verdeckte und offene Angriffe aufgrund ihres Rückzugsverhaltens
- Gibt sich selbst die Schuld und nicht anderen
- Neigt dazu, auf Zehenspitzen zu gehen und zieht es vor, keine Aufmerksamkeit auf sich zu lenken
- Fühlt sich ungehört und tut sich schwer, seine Meinung zu äußern
- Hat oft das Gefühl, nicht dazuzugehören oder nicht dazuzugehören
- Bevorzugt ruhige Aktivitäten allein oder in kleinen Gruppen
- Psychische Spannungen und Krankheiten sind afferenter Natur

Die Efferente Orientierung

Während sich die afferent orientierten Menschen auf das Prinzip des Lebens beziehen, beziehen sich die efferent Orientierten auf die Aktion des Lebens. Sie sind gerne aktiv am Leben beteiligt. Sie haben oft ein reges Sozialleben, treiben Mannschaftssport, gehören Vereinen an und nehmen an Gruppenaktivitäten teil. Sie neigen dazu, sich zu strukturierten Organisationen hingezogen zu fühlen und fühlen sich oft zu Führungspositionen hingezogen.

Sie fühlen sich wohl im Rampenlicht und suchen dieses oft auch. Efferent orientierte Menschen fördern die Konformität und neigen dazu, die geistige Unabhängigkeit oder Nonkonformität der afferent orientierten Menschen zu missbilligen. Konformität ist ein wichtiger Teil der efferent strukturierten Organisationen wie Regierung, Wirtschaft, Bildung und Religion.

Der extreme Ausdruck der efferenten Orientierung ist das Down-Syndrom. Diejenigen, die als Down-Syndrom gelten, sind leicht zu erkennen, da dieses Muster die Gesichtszüge etwas nach außen gedrückt erscheinen lässt.

Robert benutzte das Wort "retardiert" in Bezug auf dieses Muster, was im wörtlichen Sinne bedeutet, dass sie in ihrer Entwicklung zurückgeblieben sind. Dies ist darauf zurückzuführen, dass die Einstellung zu schnell ins Leben drängt. So werden Entwicklungsstufen überstürzt durchlaufen. Oft bleibt ihr Entwicklungsstand auch als Erwachsener auf dem Niveau eines Jugendlichen oder Kindes. Sie neigen dazu, kontaktfreudig zu sein und sich an Menschen zu erfreuen.

Ein eher efferent orientierter Mensch wird unter Stress oft verbal oder körperlich auf andere losgehen. Jemand anderes wäre natürlich schuld, denn die efferent Orientierten projizieren die Schuld nach außen. Das Ausagieren ist zwanghaft, eine unmittelbare Reaktion auf die Situation, die schnell wieder vergessen wird. (Während die afferente Seite, die dem Angriff ausgesetzt ist, oft betäubt ist und sich zurückzieht.)

Efferent orientierte Menschen neigen zu mangelnder Objektivität und können zu jedem Thema nur eine Sichtweise sehen. Ihre Sichtweise ist die richtige, nämlich die Wahrheit! Dies ist die Geisteshaltung, die hinter vielen Konflikten in der Welt steckt.

Die Menschen kämpfen für das, was sie für eine religiöse, moralische oder politische "Wahrheit" halten, an die sie fest glauben. Das führt zu Spannungen, Chaos, Urteilen und Krieg. Menschen streiten auch und entfremden andere aufgrund ihrer Überzeugungen. Die Homo-Ehe ist ein gutes Beispiel dafür. Während die Menschen über den Glauben streiten, den sie für richtig halten, verlieren sie den Blick dafür, was wirklich wichtig ist. Liebe, Engagement und die Bedürfnisse des Einzelnen gehen im Streit unter.

Efferent orientierte Menschen neigen dazu, die Dinge im Sinne von richtig oder falsch, wahr oder falsch zu betrachten. Sie fühlen sich auch gezwungen, ihre Überzeugungen mit Daten und Beweisen zu untermauern. Forschung ist jedoch immer dann parteiisch, wenn sie dazu dient, etwas zu beweisen.

Ich habe einmal einen Vortrag über zelluläre Intelligenz gehört. Der Referent beendete seinen Vortrag mit der Aussage: "... wir müssen weiterhin Daten sammeln, um das zu beweisen, was wir bereits wissen." Ich empfand dies als ein humorvolles Beispiel für die efferente Perspektive.

Das Efferent Orientierte Kind
Efferent orientierte Kinder haben das Glück, dass die Struktur der Bildung, der Religion und der sozialen Normen von efferent orientierten Menschen geschaffen wurde. Die meisten Bildungssysteme sind auf dem Konzept des Auswendiglernens und Wiederholens von Daten und Fakten aufgebaut, anstatt die Natur oder die Prinzipien hinter den Ideen zu berücksichtigen. Das System der Notengebung, die Teilnahme an Mannschaftssportarten und die Förderung des Wettbewerbs sind efferente Konzepte. Das efferent orientierte Kind wird diese Aktivitäten wahrscheinlich schätzen, verstehen und genießen.

Ein eher efferentes Kind wird den Drang verspüren, ein eher afferentes Kind verbal oder körperlich anzugreifen. Sowohl das Kind, das schikaniert, als auch das Kind, das schikaniert wird, unterliegen der zwanghaften Dynamik von negativer Afferenz und Efferenz.

Efferenz im Film
Das Konzept eines Films ist efferent, da er ein Abbild/eine Nachahmung des Lebens ist.

Einige Filme basieren auf der Entwicklung von Charakteren und stellen die afferente Dynamik dar, die unsere persönlichen und globalen Dilemmas verursacht. Diejenigen, die efferent orientiert sind, lieben Filme mit viel Gewalt, Sex und Spezialeffekten. Diese sind eher darauf ausgelegt, den Menschen zu stimulieren, als eine Geschichte darzustellen. Die offensichtlichsten efferenten Charaktere sind in Actionfilmen wie Rambo oder Der Terminator zu finden.

Eine Zusammenfassung der efferenten Merkmale
- Findet Leichtigkeit in der Kommunikation.
- Bezieht sich auf die bestehende Struktur des Lebens.
- Fühlt sich bei den Aktivitäten des täglichen Lebens wohl.
- Organisiert, linearer Denker.
- Datenorientiert, braucht wissenschaftliche oder dokumentierte Beweise, liebt Fakten.
- Hat Freude an Gruppen-, Team- oder sozialen Aktivitäten, oft in Führungspositionen.
- Gruppenorientiert und konformistisch, lehnt oft unabhängiges Denken ab.
- Verwendet übermäßige Strukturen und schafft dabei oft Hierarchie
- Fehlt es an Kreativität, kopiert eher, als dass es etwas Neues schafft.
- Mangelnde Objektivität, unfähig, mehr als einen Gesichtspunkt zu sehen.
- Zieht oft durch sein Handeln die Aufmerksamkeit auf sich.
- Bevorzugt laute oder geschäftige Aktivitäten mit vielen Menschen

- Täter-Muster.
- Projiziert die Schuld nach außen auf andere.
- Urteilt über andere, stuft sie ein.
- Wenn er verärgert ist, schlägt er verbal oder körperlich nach außen um sich.
- Körperliche Störungen sind efferenter Natur.

Ausdrücke von Efferenz
- **Erzwungene Efferenz**

Erzwungene Efferenz ist eine vorübergehende Erzwingung von Efferenz für einen bestimmten Zeitraum, z. B. um einen Vortrag zu halten oder eine Party zu besuchen. Dies kann bewusst oder unbewusst geschehen. Die Person schafft es, das Ereignis oder die Situation zu bewältigen, aber mit unglaublicher Anstrengung. Dieses Erzwingen von Efferenz ist nicht natürlich und kostet sehr viel Energie.

- **Konditionierte Efferenz**

Konditionierte Efferenz tritt auf, wenn eine afferent orientierte Person lernt, Efferenz als ihre primäre Funktionsweise anzunehmen. Da die meisten erzieherischen und gesellschaftlichen Strukturen efferent sind, werden Kinder oft schon in jungen Jahren in eine efferente Funktionsweise gedrängt. Diese Funktionsweise wird in der Regel unbewusst ein Leben lang beibehalten, da sie sich an diese konditionierte Orientierung gewöhnen. Die efferente Orientierung passt gut in die Hierarchie und Struktur der Geschäftswelt, die Unternehmensleiter, die Unternehmensregeln und die vorgeschriebenen Vorgehensweisen.

Der Preis für die konditionierte Efferenz ist oft Krankheit, weil die Menschen regelmäßig mehr Energie aufwenden, als sie tatsächlich haben. Höchstwahrscheinlich sind sie am Ende des Tages sehr müde oder möglicherweise von Koffein oder anderen Stimulanzien abhängig. Efferenz ist Handeln, daher haben die efferent Orientierten oder diejenigen, die sich in einem guten Gleichgewicht befinden, viel mehr Energie, um Dinge zu tun, als die afferent Orientierten, die dazu neigen, über das Tun von Dingen nachzudenken. Für jemanden, der mit Efferenz konditioniert ist, kann es sehr befreiend sein, diese erworbene Funktionsweise zu erkennen. Afferent orientierte Menschen folgen nicht so gerne dem Lauf der Dinge; sie mögen es, die Dinge ein wenig anders zu machen und schätzen keine Hierarchien oder unnötige Strukturen.

- **Sub-Efferenz**

Sub-Efferenz ist die Abwesenheit von Afferenz, Bewusstsein und Licht. Oft äußert sich dies in harter Drogenabhängigkeit, Serienmorden oder der Teilnahme an Teufelsanbetung. Für Menschen, die sich so weit von der Afferenz (dem Bewusstsein) entfernt haben, ist es schwer, aber nicht unmöglich, den Weg nach draußen zu finden. Dieses Muster wird oft in Horrorfilmen oder in Filmen mit einem dunklen Element dargestellt.

- **Prinzipienlose Efferenz**

Prinzipienlose Efferenz bezieht sich auf Menschen mit einem zwanghaften Bedürfnis nach häufiger sexueller Aktivität. Aufgrund ihrer unbewussten, unterschwelligen Anspannung brauchen sie in der Regel etwas Besonderes oder Ungewöhnliches, um die Spannung zu überwinden und zum Höhepunkt zu kommen. Dieses Muster wird in all seinen Variationen und Themen häufig in pornografischen Zeitschriften und Filmen dargestellt.

Die Afferent-Efferent-Dynamik in Beziehungen

Robert sagte, dass Beziehungen in erster Linie auf der Affinität des Chaos beruhen, was bedeutet, dass Menschen durch ihre Blockaden und negativen Muster zueinander hingezogen werden. Zunächst scheinen sich die negativen Muster aufzulösen, und es entsteht das Gefühl, sich zu verlieben. Dies wird oft als Euphorie erlebt, als ein überwältigendes Gefühl der Freude und Lebendigkeit. Mit der Zeit verschwindet das vorübergehende Gleichgewicht, und die Muster kommen in vollem Umfang zum Tragen.

Dies wird gemeinhin als das Ende der Flitterwochen bezeichnet! Paare fangen an, sich wegen Kleinigkeiten zu streiten, weil sie mit den zugrundeliegenden Spannungen in sich selbst und der Dynamik von negativer Zuwendung und Wirkung zu kämpfen haben.

- Geliehene Afferenz & Efferenz

Menschen leihen sich unbewusst die Fähigkeiten einer anderen Person, meist ihres Partners, aus. Die eher afferent orientierte Person verlässt sich auf die Efferenz einer anderen Person, um Dinge zu erledigen oder um sie zu sozialen Veranstaltungen zu begleiten. In sozialer Hinsicht neigen die afferent Orientierten dazu, zu klammern, da sie sich die Efferenz ausleihen müssen, um dabei zu sein. Dies wird als co-abhängiges Muster bezeichnet, bei dem man die Orientierung einer anderen Person braucht, um voll zu funktionieren.

Die eher efferente Person neigt dazu, sich auf die Kreativität und das Bewusstsein einer anderen Person zu verlassen, und sucht oft bei einer eher afferenten Person nach Einsichten, Ideen oder Antworten auf ihre Probleme.

In der Partnerschaft findet dieses Ausleihen ständig statt, und es entsteht ein gewisser Groll. Oft wissen wir nicht, warum unsere Partner uns so nerven, weil diese Dynamik unbewusst abläuft.

Diese Dynamik kann auch in jeder anderen Beziehung auftreten, sei es mit einem Freund, einem Mitarbeiter oder einem Familienmitglied. Auch bei Geschäftspartnern ist diese Dynamik verbreitet. Die afferent orientierte Person hat eine Idee, besitzt aber nicht genug Efferenz, um viel daraus zu machen. Die Tendenz geht dahin, sich mit einer eher efferent orientierten Person zusammenzutun, die ihre Idee finanziert und/oder in die Welt hinausbringt. Dies erklärt, warum viele Heilkünste so efferent geworden sind. In dem Versuch, die Idee zu vermarkten, verliert der efferente Partner oft die Afferenz oder die Essenz der Arbeit.

•- Angenommene Afferenz & Efferenz

Jeder Mensch hat eine Orientierung, die sich darin zeigt, wie er typischerweise mit Stress umgeht. Außerdem erlebst du sowohl afferente als auch efferente Perspektiven.

Wenn eine afferente Person mit jemandem zusammen ist, der afferenter ist als sie selbst, nimmt sie vorübergehend die Rolle der Efferenz in Bezug auf diese Person oder Situation an.

Wenn eine efferente Person mit einer Person zusammen ist, die efferenter ist als sie selbst, nimmt sie in Bezug auf diese Person oder Situation vorübergehend Afferenz an.

Diese Dynamik schwankt innerhalb einer Partnerschaft und bei allen Interaktionen. Denke daran, dass Afferenz und Efferenz nicht linear sind. Sie funktionieren immer zusammen - in Beziehung zueinander. Du nimmst ständig und unbewusst an dieser Dynamik teil, je nachdem, wie du dich orientierst, was du tust und mit wem du zusammen bist.

Wenn du diese Dynamik in dir selbst beobachtest, hast du die Möglichkeit, die Eigenschaften der einzelnen Ausrichtungen wirklich zu verstehen. Es hilft dir auch, das Gesamtbild zu sehen, da du beginnst, die zwanghafte Art von Afferenz und Efferenz und all die Dysfunktion zu erkennen, die ihre negative Beziehung erzeugt.

Das Beziehungsmuster

Die Natur der Funktion der Genitalien beeinflusst die Beziehungen zwischen Mann und Frau. Dieses Muster scheint sich im Laufe der Zeit immer mehr zu verfestigen. Roberts Theorie über das Beziehungsmuster basiert auf der Funktion der Genitalien für die Fortpflanzung. Der Mann leitet die Schwangerschaft mit der Ejakulation ein.

Der weibliche Körper reagiert darauf und vollendet den Akt, indem er ein Kind austrägt und zur Welt bringt. Die Afferenz initiiert und die Efferenz antwortet; das ist ihre Dynamik. Während die Afferenz initiiert, unterliegt der Mann dem afferenten Muster in Bezug auf seine Partnerin. Während die Efferenz antwortet, unterliegt die Frau in Bezug auf ihren männlichen Partner dem efferenten Muster. Eine Frau kann afferent orientiert sein, nimmt aber in der Beziehung zu ihrem Partner unbewusst die Rolle der Efferenz an und umgekehrt. Diese Dynamik ist auch bei gleichgeschlechtlichen Partnern vorhanden, aber weniger extrem.

Ein typisches Szenario in der Ehe ist der Ehemann, der nach Hause kommt, sich in seinen Sessel setzt und nicht viel kommuniziert. Seine Frau, die entweder neugierig ist, wie sein Tag verlaufen ist, oder auf seinen Rückzug reagiert, beginnt Fragen zu stellen. Fragen sind efferenter Natur, so dass er sich angegriffen oder verhört fühlt und sich immer weiter zurückzieht, so dass es ihm immer schwerer fällt, sich mitzuteilen. Die Frau hingegen wird noch mehr in die Efferenz gedrängt und setzt ihre Fragerei fort, oft noch aggressiver. So beginnt der Kreislauf des Nörgelns, mit Beschwerden wie "Du redest nie mit mir...". Da Efferenz dazu neigt, sich zu wiederholen, wird sie beginnen, dies Tag für Tag immer wieder zu sagen.

Es ist hilfreich, wenn jeder Partner erkennt, dass beide Muster zwanghaft und unangenehm sind. Es ist anstrengend, sich zurückzuziehen und nicht in der Lage zu sein, zu kommunizieren oder wie gewünscht zu funktionieren. Ebenso stressig ist es, auf den Rückzug zu reagieren.

Niemand ist gerne der Nörgler oder Angreifer, genauso wenig wie er gerne genervt oder angegriffen wird. Zum Handeln gezwungen zu werden, ist stressig und fordert seinen Tribut von der Person, besonders wenn sie eine affektive Orientierung hat.

Da diese Verhaltensmuster zwanghaft sind, sind die Handlungen Ihres

Partners nicht unbedingt ein Ausdruck seiner Gefühle für dich. Wenn du dies verstehst, ersparst du beiden Parteien eine Menge Frustration und verletzte Gefühle.

Die offensichtliche Lösung für dieses Beziehungsmuster wäre, Metamorphose an sich selbst und/oder an dem anderen zu praktizieren. Wenn jede Person einen besseren Zugang zu ihrer Afferenz und Efferenz im Inneren hat, hört sie auf, sich von der anderen Person etwas zu leihen, wodurch unbewusste Feindseligkeiten abgebaut werden.

Wenn du in einer unglücklichen Beziehung bist, wird die Arbeit an dir selbst entweder zu weniger Spannungen zwischen dir und deinem Partner führen, oder einer von euch wird es leichter finden, die Beziehung zu beenden. In der Regel ist es der efferente Partner, der die Beziehung verlässt oder auszieht.

Im Idealfall, wenn beide Parteien in ein vernünftiges Gleichgewicht kommen, wird die Beziehung auf Freundschaft und gegenseitiger Wertschätzung beruhen und nicht auf einer Affinität zum Chaos.

Das Sex/Sinnlichkeitsmuster
Das Sexualverhalten ist ein zwanghaftes Verhaltensmuster, das jeder Mensch bis zu einem gewissen Grad in sich trägt. Es gibt oft eine Menge Scham, Schuldgefühle und Urteile in Bezug auf dieses besondere Muster.

Das Sexualverhalten ist in der Tat eines der wichtigsten Stressmuster der Menschheit. Man braucht nur einen Blick auf die Werbung zu werfen, um zu sehen, wie leicht sich fast alles verkaufen lässt, wenn man den Sexualtrieb anspricht. Wir nennen es tatsächlich einen Trieb, denn einige werden dazu getrieben, sich von der Spannung zu befreien. Die Tatsache, dass es Spannungen gibt, deutet darauf hin, dass es sich um Stress handelt.

Die primäre Funktion der Fortpflanzungsorgane ist die Fortpflanzung, doch meist beruht der Sex auf dem Bedürfnis, Spannungen abzubauen und/oder Vergnügen zu empfinden. Durch das Sinnlichkeitsmuster wurde der sexuelle Akt über seine primäre Funktion hinaus mit Vergnügen verbunden. Für manche ist das Bedürfnis nach diesem Vergnügen zwanghaft und sie suchen häufig nach sexueller Befriedigung. Dies wird im Volksmund als Sexsucht bezeichnet. Andere versuchen, ihre Zwänge zu überwinden, indem sie versuchen, enthaltsam zu leben.

Diejenigen, die von einer Blockade in der vierunddreißigsten Woche auf Hüfthöhe beeinflusst sind, benötigen oft eine zusätzliche Stimulation, um diese Blockade zu überwinden und zum Höhepunkt zu kommen. Uns allen fallen einige Dinge ein, die Menschen benutzen oder tun, um ihre Erregung zu steigern. Bei einigen ist dieses Muster extrem und kann sie zu einem als inakzeptabel angesehenen Sexualverhalten führen, das oft mit Schmerzen, Erniedrigung oder Sex mit unwilligen oder ungeeigneten Partnern wie Kindern oder Tieren verbunden ist. Es ist hilfreich, sich daran zu erinnern, dass die Person, die diese Handlungen vornimmt, zwar Vergnügen empfindet, aber auch unter einer enormen Anspannung leidet.

Körperlich gesehen strahlt die Spannung vom Steißbein nach außen und wirkt sich auf die männlichen Genitalien aus. Das Steißbein steht für Aktivität; daher verspüren Männer oft ein häufiges Bedürfnis nach sexueller Aktivität. Die eher efferent orientierten Männer kanalisieren diese Energie oft in Sport oder promiskuitiven Aktivitäten. Die eher afferent orientierten Männer befriedigen sich oft selbst mit Hilfe von Pornografie. Das Internet oder Telefonsex ist ein perfektes Medium für dieses Muster. Denken Sie an die Natur des Musters: Das afferente Muster fühlt sich oft unwohl unter Menschen, ist aber dennoch sexueller Spannung ausgesetzt.

Die weiblichen Genitalien und die Gebärmutter sitzen in Bezug auf die Wirbelsäule näher am Kreuzbein. Dadurch haben Frauen einen anderen

Blickwinkel auf Sex. Frauen erleben diese Spannung häufig als ihre biologische Uhr und/oder Menstruationsprobleme. Bei vielen Frauen tickt die biologische Uhr, und sie haben das Bedürfnis, Mutter zu werden, auch wenn sie für diesen Lebensstil noch nicht bereit oder wirklich daran interessiert sind.

Die Menstruation ist eine natürliche Funktion des Körpers, doch die meisten Frauen erleben zu einem bestimmten Zeitpunkt ihres Zyklus Symptome von emotionalem und körperlichem Stress.

Dieses Muster wirkt sich auch auf die Sexualität von Frauen aus. Frauen finden oft Gefallen daran, das Objekt der Begierde zu sein, oder fühlen sich dazu gezwungen. Es gäbe keine Sexindustrie, wenn es nicht Frauen gäbe, die sexy oder pornografische Models und Schauspielerinnen, exotische Tänzerinnen, Prostituierte und sexuelle Verführerinnen sind. Denke daran, dass dies auch ein Stressmuster ist.

Sex ist eine lukrative Industrie, die dieses Muster bedient. Sex findet man in Büchern, Zeitschriften, im Kino, im Fernsehen, im Internet und per Telefon. Die Gefängnisse sind voll von Tätern, die unter dem efferenten Aspekt des Musters leiden. Viele Kinder und Erwachsene leben mit dem emotionalen Schmerz, der durch den afferenten Aspekt des Musters verursacht wird, d. h. sie sind das Opfer. Öffentliche und religiöse Persönlichkeiten werden oft wegen dieses Musters unter die Lupe genommen. Es wäre schön, wenn die Menschen erkennen würden, dass die Bestrafung dieses Musters nicht zur Lösung führt. Das Muster muss als das behandelt werden, was es ist, nämlich ein Ungleichgewicht von Afferenz und Efferenz.

Dann werden wir keine Wege finden müssen, um unsere Opfer zu schützen und unsere Täter zu bestrafen, denn es wird keine geben!
Für diejenigen unter Euch, die sich Sorgen machen: Das soll nicht heißen, dass es keine sexuelle Aktivität mehr gibt, sondern nur weniger von den

negativen und zwanghaften Aspekten des Musters. Dies lässt mehr Raum für echte Intimität.

Die Afferent-Efferent-Dynamik und Missbrauch
Das afferente Muster ist das Opfer, das efferente Muster ist der Verursacher. Die Afferenz zieht sich von der Energie der Efferenz zurück. Der Akt, sich von der Efferenz zu entfernen, veranlasst die Efferenz, sich auf negative Weise nach außen zu bewegen. Afferenz initiiert und Efferenz antwortet. In dem negativen Muster zieht sich die Afferenz zurück und wird oft zum Opfer, während die Efferenz reagiert und oft der Täter ist.

All dies geschieht auf einer unbewussten Ebene, so dass sich keine der beiden Parteien der Dynamik, die stattfindet, vollständig bewusst ist. Opfer von Angriffen haben oft das Gefühl, selbst schuld zu sein. Aufgrund ihres inneren, afferenten Bewusstseins erkennen sie, dass sie in dieser Dynamik eine Rolle gespielt haben.

Das ist natürlich nicht dasselbe wie die Annahme, dass die Person den Angriff verdient hat oder dass es ihre Schuld war. Dies ist das Ergebnis der negativen Beziehung zwischen Afferenz und Efferenz. Beide Muster sind zwanghaft und beide Parteien sind blockiert und leiden.

Kindesmissbrauch richtet sich häufig gegen ein einziges Kind in einer Familie. Dieses Kind ist in der Regel das am stärksten afferente, das den Angriff durch das am stärksten efferente Familienmitglied hervorruft. Denken Sie daran, dass Menschen eine bestimmte Orientierung in Bezug auf andere Menschen haben. So kann beispielsweise ein Mann, der seiner Frau gegenüber afferent ist, gegenüber einem Kind, das afferenter ist als er selbst, efferent sein. In einer Familie/einem Arbeitsplatz/einer Gemeinschaft kann man die Erleichterung spüren, wenn die Person mit den meisten Spannungen geht. Man kann auch die Spannung spüren, wenn sie zurückkehrt, denn die Energiedynamik passt sich immer an den höchsten Grad der vorhandenen

Spannung an.

Das Image - Muster

Das Image - Muster* ist das Muster der Menschheit, außerhalb des eigenen Ichs nach Erlösung, Führung und Heilung zu suchen.

Meine Absicht ist es, dir die allgemeine Essenz dieses Themas zu vermitteln, damit du den Gedanken hinter den Prinzipien und der Praxis verstehst.

Robert beobachtete, dass Zeit, Raum, unser Universum und die Dualität der Menschheit aus der Trennung von Afferenz und Efferenz entstanden sind, aus der Einheit in die Dualität. Er war sich nicht sicher, ob diese Trennung zufällig oder absichtlich erfolgte, um einen Fehler im Gesamtmuster zu beheben.

Infolge der Trennung wandte sich die Efferenz von der Afferenz ab und dehnte sich nach außen aus. So entstanden die Zeit, das Universum und das Leben, wie wir es kennen. Es schuf auch eine Spaltung des Bewusstseins, die mit der Einführung von unbewussten Dynamiken einherging.

Die Erschaffung der Zeit ermöglichte es, dass die unbewusste Spannung durch die Zeit getragen wird, und zwar über genetische und karmische Muster. Karmische Muster sind gedanklicher Natur und befinden sich in Zeit und Raum. Genetische Muster sind physisch und werden durch unsere mütterlichen und väterlichen Gene weitergegeben. Beide haben auch die Menschheit seit Anbeginn der Zeit beeinflusst.

Die Trennung von Afferenz und Efferenz schuf eine Störung in ihrer Beziehung, und diese Dynamik ist das ursprüngliche und primäre Stressmuster der Menschheit. Alle Störungen, die wir individuell und kollektiv erleben, sind mit dieser Spannung zwischen Afferenz und Efferenz verbunden.

Das Image - Muster ist ein Ergebnis dieser Trennung. Als sich die Efferenz abwandte, begann sie sich nach außen auszudehnen. Infolgedessen geriet die Afferenz (das Bewusstsein) in den Schwebezustand oder zog sich zurück. Während sich die Afferenz zurückzog, begann die Efferenz, Bewusstsein aus dem Bild oder der Erinnerung der Afferenz zu schaffen. Aufgrund der Natur der Efferenz schuf sie das Bild der Afferenz außerhalb ihrer selbst.

Es ist hilfreich, sich daran zu erinnern, dass es bei der Metamorphose darum geht, das Thema des größeren Ganzen zu betrachten und dieses Bewusstsein in die eigene Perspektive zu bringen. Auf diese Weise lässt es sich in Ihre Praxis übertragen. Zum Leben gehört immer etwas Geheimnisvolles dazu, das nicht verstanden werden muss. Es geht darum, ein Bewusstsein in dir zu schaffen, das dir die Tür öffnet, um die Spannung zwischen Afferenz und Efferenz, die unbewusste Spannung, anzusprechen.

Anmerkung: Robert verwendet oft Analogien, um ein Thema zu vermitteln. Das Thema soll nicht zu einer Schöpfungsgeschichte werden. Diese Informationen beantworten alle Fragen, die du dir in Bezug auf die Spannungen des Lebens stellst. Ich denke, die Einsicht in die Beziehung zwischen Afferenz und Efferenz ist das, was wichtig ist.

Das Image-Muster in Spiritualität und Religion
"Die Natur ist das, was der Afferenz in physischer Form am nächsten kommt. Deshalb ist die natürliche Schönheit so inspirierend."

Wir sind von Natur aus immer mit dem Bewusstsein des Lebens und unserer inneren Intelligenz verbunden. Aufgrund unbewusster Spannungen erleben manche Menschen eine Trennung vom Bewusstsein und suchen es daher oft außerhalb von sich selbst.

Betrachte den efferenten Charakter von Religion und Spiritualität in Bezug auf die Suche nach Führung oder Erlösung außerhalb des eigenen Selbst.

Das Thema dabei ist es, sich anzuschauen, wie wir uns selbst als vom Bewusstsein getrennt betrachten.

Religionen verehren einen Gott, mehrere Götter oder eine verehrte Figur. In der Regel sind damit Dogmen oder Disziplin verbunden, die oft den Verzicht auf Vergnügen oder das Bemühen um Unterdrückung von Verhaltensweisen erfordern, die durch unterschwellige Spannungen verursacht werden.

Die New-Age-Bewegung ist oft Teil des des Image-Musters. Die Menschen wenden sich an den Großen Geist, das Universum, die Göttin, andere Gottheiten, Wesen oder Dimensionen. Gurus, Meister und Menschen, die für andere Wesen und Universen channeln, werden oft aufgesucht.

Wir sind von Natur aus mit der Quelle des größeren Bewusstseins verbunden. Unsere Blockaden schaffen ein Gefühl der Trennung, aber wir sind nicht getrennt. Je größer die zugrundeliegende Spannung ist, desto größer ist die Kluft. Diejenigen, die stärker afferent sind, sind stärker vom Leben getrennt. Diejenigen, die extrem efferent sind, sind stärker vom Bewusstsein abgekoppelt. Daher gibt es so viele unbewusste Entscheidungen und Verhaltensweisen. Wir funktionieren dort, wohin uns die Spannung treibt... und wir finden ein besseres Gleichgewicht, wenn die Spannung nachlässt.

Menschen fragen oft, ob sie ihre spirituellen oder religiösen Überzeugungen aufgeben müssen, um Metamorphose zu praktizieren. Metamorphose ist nicht dazu gedacht, zu einem Glaubenssystem zu werden oder ein solches zu ersetzen. Es geht darum, sich von Dogmen und konditioniertem Denken zu befreien.

Es ist immer eine gute Idee, sich mit der Art des Denkens auseinanderzusetzen, das hinter dem steht, was du glaubst und womit du zu arbeiten beabsichtigst, damit du deine Entscheidungen mit einem größerem Bewusstsein triffst. Nimm dir die Zeit, die Perspektiven, Modalitäten und Philosophien in deinem Leben wirklich zu betrachten, um zu sehen, ob sie wirklich mit dem übereinstimmen, wie du dein Leben angehen willst. Ich persönlich liebe es, einfach direkt mit dem höheren Bewusstsein zu sprechen, ohne dass irgendeine Struktur im Weg ist.

Ich sehe dieses Thema eher als eine Balance zwischen Bewusstsein und persönlicher Verantwortung. Für mich ist dies das Gleichgewicht zwischen Afferenz und Efferenz. Dieses Gleichgewicht ist die Voraussetzung für eine globale Transformation.

> **"**
>
> *Obwohl die Metamorphose eine Geisteshaltung ist und sehr einfach anzuwenden ist, wurden wir im Laufe der Jahrhunderte durch Denkstrukturen in Religion, Philosophie und Erziehung so indoktriniert, dass unsere Fähigkeit, auf der Ebene der Gedanken zu denken und zu funktionieren, an eben diese Strukturen gebunden ist und wir nicht frei sind, aus unserer eigenen inneren Intelligenz heraus zu 'denken'. Wir brauchen ein Ritual, um diese Struktur zu "entdenken". Das ist im Prinzip das, was Metamorphose ist. Was es an körperlicher Praxis in der Metamorphose gibt, ist ein Symbol für den Geist, um alle Indoktrinationen der Vergangenheit zu verändern und zur Gegenwart zu 'werden.*
>
> **"**
>
> —Ein Auszug aus dem Artikel "Das Metamorphosezentrum" von Robert St. John

Das Image - Muster und die Natur des Heilens
Dieser Abschnitt lädt dich dazu ein, darüber nachzudenken, wie die Efferenz

die verschiedenen Heilkünste beeinflusst hat. Diese Informationen sind wesentlich für das Verständnis der Absicht von Metamorphose.

Die positive Beziehung zwischen Afferenz und Efferenz besteht darin, dass die Afferenz initiiert und die Efferenz antwortet. In der negativen Dynamik zieht sich die Afferenz zusammen - und die Efferenz übernimmt die Führung.

Die Efferenz hat die Führung übernommen, weshalb sich die Probleme trotz unserer aufrichtigen Bemühungen, das Gesamtbild zu verändern, immer wiederholen.

Alle Heilkünste beruhen auf der Beziehung zwischen Afferenz und Efferenz. Afferenz ist die Absicht und Efferenz ist die Struktur, die es ermöglicht, die Absicht zu kommunizieren.

Um zu verstehen, wie die Absicht in den Heilkünsten verwendet wird, ist es hilfreich, die Denkweise hinter den verschiedenen Ansätzen zu beobachten. Beginne damit, den Spektrum verschiedener Intentionen von unterschiedlichen Methoden zu betrachten. Reflexologen werden oft gefragt, warum sie nicht in allen Bereichen ihres Lebens Veränderungen erfahren, weil sie auch an den Wirbelsäulenreflexpunkten arbeiten. Ihre Landkarte und ihre Absicht arbeiten mit dem Körper. Metamorphose verwendet eine Karte und eine Absicht, die außerhalb der Zeit arbeiten, um die Hauptquelle der zugrunde liegenden Spannungen anzusprechen, die die gesamte Menschheit betreffen.

Es kommt häufig vor, dass Menschen auf die efferente Struktur schauen und denken, dass diese die Arbeit macht. Ich sehe Menschen, die sehr intensiv Struktur studieren, was hilfreich ist. Aber sind die Absicht und das Einstimmen, die die Afferenz bringt. Afferenz ist das Licht, die Ruhe, die Energie, die die Heilung einlädt. Wenn wir versuchen, sie zu lenken, benutzen wir Efferenz. Efferenz kann nicht heilen, nur Afferenz kann es. Die Absicht einer jeden Methode wird stets über die Struktur vermittelt.

Je mehr Struktur vorhanden ist, desto weniger effektiv ist die Kommunikation. Ein Übermaß an efferenter Struktur verhindert, dass die Absicht hörbar wird.

Oft wird versucht, Reflexologie und Metamorphose miteinander zu vermischen. Das funktioniert nicht so gut, weil sie unterschiedliche Karten und Absichten haben. Was im Grunde genommen passiert, ist, dass man die Metamorphose minimiert. Um das beste Ergebnis zu erzielen, ist es besser, sie getrennt zu praktizieren. Beide sind wunderbar und haben ihren Wert, aber wenn man sie kombiniert, verliert man viel von dem, was Metamorphose zu bieten hat.

Metamorphose und Reflexologie haben nur das Konzept der Reflexpunkte gemeinsam. Die Metamorphose verwendet die Reflexpunkte der Wirbelsäule als Symbole für das pränatale Muster und das Thema der Bewusstmachung des ursprünglichen Stresses, der die zugrunde liegende Spannung verursacht hat. Die Metamorphose verwendet eine Karte von Zeit und Raum. Die Reflexologie verwendet eine Landkarte des physischen Körpers. Die Menschen versuchen oft, die Landkarte der Reflexologie zu erweitern, um Emotionen oder andere Elemente von Spannungen einzubeziehen.

Robert erkannte, dass die Reflexologie-Landkarte für ihren Zweck wunderbar war, aber für die Metamorphose nicht effektiv. Deshalb schuf er eine Karte, die es ermöglichte, die Absicht der Metamorphose zu vermitteln. Die Reflexologie, wie auch einige andere Methoden, erkennt an, dass der Körper selbstheilend ist. Mit Metamorphosis erkennen wir, dass die angeborene Intelligenz unsere Geisteshaltung verändern kann. Dadurch entsteht eine positivere Einstellung zum Leben, und wir hören auf,

Krankheiten, Leiden und Konflikte zu verursachen. Anstatt mit dem Körper zu arbeiten, arbeiten wir mit den zugrunde liegenden Einstellungen, die Dysfunktion, Disharmonie und Krankheit verursachen. Obwohl dies wie ein Wortgeplänkel erscheinen mag, ist es die Feinabstimmung deiner Absicht, die die Art des Ergebnisses bestimmt.

Die Metamorphose geht in der Zeit zurück bis zum ursprünglichen Beginn des Chaos. Das ist abstrakt. Wenn du ein Symptom intellektuell begreifen kannst, siehst du den Ausdruck von Spannung. Die Metamorphose geht zurück zur ursprünglichen Quelle aller unbewussten Spannungen.

Betrachte die verschiedenen Möglichkeiten der Absicht und des symptomatischen Ansatzes. Indem wir mentale, emotionale, verhaltensbezogene, spirituelle oder körperliche Symptome behandeln, schaffen wir eine Reihe von Ansätzen, die alle in ihrer Reichweite der Absicht begrenzt sind. Je komplizierter die Heilung wird, desto weniger wirksam ist sie in der Regel.

Schaue dir die Spannweite der Absicht in Bezug auf die Zeit an. Blickt der Ansatz auf die Kindheit, die Geburt, die Empfängnis oder ein vergangenes Leben zurück? Die Intention für die Metamorphose reicht zurück bis zur Erschaffung von Zeit, Raum und den primären Stressmustern der Menschheit. Diese Muster werden über die genetischen und karmischen Muster durch die Zeit getragen. Aus dieser Perspektive betrachtet, wäre es ein symptomatischer Ansatz, einen Moment in der Zeit zu behandeln.

Die meisten Therapien zielen darauf ab, den Geist mit Dialogen, Affirmationen und Regressionsarbeit neu zu konditionieren, die sich oft auf den Intellekt und die Fähigkeiten des Therapeuten stützen. Metamorphose entkonditioniert den Geist, anstatt ihn neu zu konditionieren, und lässt unsere begrenzenden Muster los, damit wir auf allen Ebenen optimal funktionieren können. Der Gedanke dahinter ist, dass mit dem

Verschwinden des zugrunde liegenden Musters auch der mit dem Muster verbundene Stress und das Trauma verschwinden. Indem wir den Verstand entkonditionieren, beginnen wir wirklich für uns selbst zu denken, mit mehr geistiger Unabhängigkeit.

Häufig wird gefragt, ob man während der Behandlung mit Metamorphose auf andere Modalitäten verzichten muss. Es geht darum, dein Bewusstsein zu erweitern, nicht darum, etwas aufzugeben, das du in deinem Leben als hilfreich oder nützlich empfindest. Mit diesem neuen Bewusstsein mag es sein, dass du einige der Ansätze, die du benutzt, überdenkst. Aber es gibt kein Dogma in der Metamorphose.

Robert sagte, dass es im Allgemeinen am effektivsten ist, eine Methode nach der anderen anzuwenden. So hat man die nötige Zeit, um eine Behandlung abzuschließen, denn viele Ansätze wirken auch nach der Behandlung weiter. Ein weiterer Vorteil ist, dass man leicht feststellen kann, was funktioniert. Wenn ein Ansatz nicht hilft, kannst du einen anderen ausprobieren.

Die Heilkünste sind im Allgemeinen sehr efferent geworden. Manche Therapeuten mischen mehrere Modalitäten in einer Behandlung, und manche Klienten erhalten mehrere verschiedene Methoden innerhalb eines kurzen Zeitraums. Das Mischen von Verfahren führt oft zu Chaos. Ich habe Roberts Meinung dazu in Frage gestellt und sie auf die Probe gestellt. Am Ende habe ich gesehen, dass er Recht hatte. Ich möchte dich ermutigen, diese Ebene des Bewusstseins in allem, was du tust, einzubringen.

Wie bereits erwähnt, ist es immer nützlich, die Natur dessen, was man beschließt zu tun, zu berücksichtigen. Robert wies darauf hin, dass du den größten Nutzen aus den Metamorphose-Behandlungen ziehen kannst, wenn du nicht gleichzeitig andere Methoden anwendest. Dies gilt sowohl für die Mischung von Modalitäten in einer Behandlung als auch für die Anwendung anderer Modalitäten während der Dauer der Metamorphose-Behandlungen.

Bedenke, dass dies zwar seine Beobachtung war, er aber nicht dafür war, den Menschen zu sagen, was sie tun sollen.

Ich finde es hilfreich, das zu tun, was sich zum jeweiligen Zeitpunkt richtig anfühlt. Ich habe ein Verständnis für die Natur des Heilens im Allgemeinen gewonnen, indem ich einfach die Prinzipien und Praktiken hinter anderen Modalitäten zur Kenntnis genommen und beobachtet habe, wie ich mich fühlte, als ich sie erhielt. Objektives Beobachten erhöht den Grad des Bewusstseins.

Bei der Wahl eines Heilungsansatzes ist es hilfreich, die eigenen Beweggründe zu betrachten. Die Motivation, eine Methode oder ein Produkt zu verwenden, um ein Symptom vorübergehend zu lindern, unterscheidet sich von dem, eine Methode oder ein Produkt zu verwenden, um auf der Ebene eines Symptoms zu heilen. Denk mal darüber nach!

Heilung ist ganz einfach und muss nicht unbedingt auf mehrere Arten gleichzeitig angegangen werden. Ich möchte dich ermutigen, diese Idee zu erforschen, da du dadurch ein tieferes Verständnis der Natur der Heilung, der Motivation und der Absicht gewinnen kannst. Erinnere dich daran, dass eine von Roberts Beobachtungen war, dass sich die grundlegenden Muster der Menschheit in Bezug auf Leiden, Krankheit und globale Disharmonie nie wirklich geändert haben. Aus diesem Grund widerspricht ein Heilungsansatz, der dem Image-Muster folgt, der Absicht der Metamorphose. Man kann eine tiefgreifende symptomatische Veränderung erreichen, wenn man Metamorphose mit anderen Ansätzen mischt, aber die negative Beziehung von Afferenz und Efferenz ändert sich nicht. Somit sitzen wir alle zusammen immer noch im selben Boot. Und dies ist häufig eine fortgesetzte Schleife der Symptombehandlung.

Bedenke, dass Metamorphose kein Wundermittel ist. Theoretisch kön Robert pflegte zu sagen: "Gen nen wir uns einfach ändern, indem wir uns dazu entschließen. Oft gibt es einen unbewussten Widerstand gegen Veränderungen, der auf die Spannung zwischen Afferenz und Efferenz in uns selbst zurückzuführen ist. Manchmal lösen sich unsere Muster sehr schnell auf, manchmal brauchen sie Zeit.

Am besten ist es, wenn du dich so liebst, wie du bist, und weiter daran arbeitest, diese tiefere Spannung zu lösen. Du wirst sehen, dass du anfängst, weniger reaktiv zu sein und mehr auf das Leben zu antworten.

Efferenz erschafft Standards, die wir alle anstreben oder an die wir uns halten wollen. Sie sind nicht realistisch und erzeugen ein Gefühl, nicht gut genug zu sein. Du bist gut genug. Was du an dir und anderen nicht magst, ist diese Spannung. Das bist nicht du, sondern die Spannung. Die Metamorphose baut diese Spannung ab. Der beste Weg, diese Arbeit zu nutzen, ist, damit aufzuhören, sich selbst und andere zu etikettieren. Normalerweise etikettieren wir so ziemlich jedes Verhalten, jede Einstellung usw. Das ist nicht hilfreich.

Wenn du erkennst, wie liebenswert du bist, und erkennst, dass der Rest Spannung ist, verändert sich dein Umgang mit dir selbst und anderen.

Das Image-Muster in Ernährung, Sucht und Krankheit

- **Ernährung und Diät**

Die Nahrung liegt außerhalb unseres Selbst, und doch sind wir zum Überleben auf sie angewiesen.

Ein interessantes Thema ist die Ernährung oder Diät. Die Lebensmittel, die du zu dir nimmst, beeinflussen dein Wohlbefinden. Du kannst deine Gesundheit verbessern, indem du dich gesund ernährst, was für viele eine zu große Aufgabe ist. Viele Menschen, die versucht haben, ihre Ernährung umzustellen, um Gewicht zu verlieren oder aus gesundheitlichen Gründen, wissen, wie schwierig es sein kann, auf die Lebensmittel zu verzichten, die sie lieben und nach denen sie sich sehnen.

Bei der Metamorphose geht es darum, dass du in dem Maße, in dem du ins Gleichgewicht kommst, ganz natürlich nach Lebensmitteln verlangst, die gesund sind und zu deinem Körpertyp passen. Der Unterschied besteht darin, dass die Umstellung der Ernährung weder mühsam noch anstrengend ist.

Sie ist nicht das Ziel, denn das wäre ein symptomatischer Ansatz, sondern eher das Ergebnis. Wenn du einmal darüber nachdenkst, würden Menschen, die im Gleichgewicht sind, keine ungesunden oder unnatürlichen Lebensmittel essen wollen. Wir neigen dazu, in Übereinstimmung mit dem Grad unserer zugrunde liegenden Spannung zu essen. Ist dir schon einmal aufgefallen, dass du mehr Junk Food isst, wenn du gestresst bist? Unsere tägliche Essenswahl folgt demselben Prinzip, aber der Stress ist uns nicht bewusst, so dass wir nicht merken, dass unsere Essenswahl von dieser Spannung beeinflusst wird. Wir sind uns also nicht bewusst, dass dies der Grund für unsere Lebensmittelauswahl ist.

- **Süchte**

Sucht ist das zwanghafte Bedürfnis, sich auf etwas außerhalb des eigenen Ichs zu verlassen, um mit unserer unbewussten Spannung fertig zu werden.

Menschen können süchtig sein nach Essen, Schokolade, Koffein, Zigaretten, Alkohol, Drogen, Sex, Arbeit und mehr. Das Wesen der Sucht ist immer das gleiche ungeachtet der Art des Suchtmittels.

Oft ist die Person nicht physisch abhängig, sondern unterliegt einem zwanghaften Muster als Mittel zur Bewältigung. Der Unterschied besteht darin, dass die Menschen oft denken, sie könnten das Leben nicht bewältigen. Es ist diese tiefere, unbewusste Spannung, die das Problem darstellt.

Robert pflegte zu sagen: "Gen ieße deine Sünde", d. h. wenn du einer Tätigkeit nachgehst, dann genieße sie wirklich. Die meisten von uns haben ein Laster, von dem wir uns wünschen, dass wir es überwinden könnten, aber wir tun es trotzdem, und oft machen wir uns vorher, währenddessen und danach Gedanken darüber. Aber wir tun es trotzdem! Indem du es tust und dich daran erfreuen kannst, nimmst du den Druck von dir. Nachdem du dich den Lastern hingegeben hast, arbeite an dir selbst, um das zugrundeliegende Muster anzugehen. (Das ist der Schlüssel!)

Man kann viel Mühe und Entschlossenheit in den Versuch investieren, ein Suchtmuster aufzugeben, oft ohne langfristigen Erfolg. Aus diesem Grund sind Diäten oder erzwungene Nüchternheit häufig erfolglos. Wenn es dir gelingt, das Laster aufzugeben, wirst du es in den meisten Fällen durch ein anderes ersetzen, weil das zugrunde liegende Muster nicht angegangen wurde.

Metamorphose ist eine schöne Alternative zu diesem Kampf. Sobald das zugrunde liegende Muster verschwunden ist, verschwindet auch das zwanghafte Verhalten. Dies steht im Widerspruch zu dem, was man gemeinhin über Sucht denkt. Es ist möglich, aus dem Muster auszusteigen und nicht für den Rest des Lebens mit ihm zu kämpfen.

In einigen Fällen kommt es zu einer körperlichen Abhängigkeit, und je nach Situation kann sich ein anderes Bild ergeben. Das kann Anstrengung und Entgiftung erfordern, aber Metamorphose kann trotzdem bei dem Gesamtmuster helfen.

Manchmal denken Menschen, dass sie körperlich süchtig sind, weil das Verlangen so stark ist, aber vielleicht ist es einfach die zwanghafte Natur des Ungleichgewichts. Wenn dies bei dir der Fall ist, musst du herausfinden, wie du am besten vorgehen kannst.

- **Körperliche Krankheit und Unbehagen**

Oft suchen wir Heilung und Linderung von Beschwerden außerhalb unseres Selbst.

Bei der Metamorphose geht man davon aus, dass die zugrundeliegende Spannung in der Wirbelsäule nach außen strahlt und alles stört, was sich in ihrem Bereich befindet. Dies erklärt, warum Produkte und Behandlungen, die sich mit körperlichen Problemen befassen, oft nur vorübergehend Linderung verschaffen.

Verspannungen im prä-konzeptionellen Bereich des Kopfes können zu Beschwerden oder Krankheiten in Bezug auf Kopf, Gehirn, Ohren, Augen, Nase und Nebenhöhlen führen.

Verspannungen im Empfängnisbereich der Wirbelsäule können ausstrahlen und Beschwerden oder Krankheiten in Bezug auf Kiefer, Mund, Hals und Nacken hervorrufen.

Verspannungen im Bereich der Nach-Empfängniszone der Wirbelsäule können ausstrahlen und Beschwerden oder Krankheiten in Bezug auf Schultern, oberen und mittleren Rücken, Rippen, Arme, Brustbereich, Lunge, Zwerchfell und Herz verursachen.

Verspannungen im Bereich der Vor-Geburtszone der Wirbelsäule können ausstrahlen und Beschwerden oder Krankheiten im Bereich des unteren Rückens, der Hüften, des Kreuzbeins, des Verdauungs-, Ausscheidungs- und Fortpflanzungssystems hervorrufen. Stress in diesem Bereich kann die Beschwerden im Zusammenhang mit der Menstruation verursachen.

Verspannungen im Geburtsbereich der Wirbelsäule können ausstrahlen und Beschwerden oder Krankheiten in Verbindung mit Steißbein, Beinen, Knien, Knöcheln und Füßen verursachen.

In Bezug auf die Wirbelsäule führt der zugrunde liegende Stress dazu, dass die Hals-, Brust- und Lendenwirbel, das Kreuzbein und das Steißbein aus ihrer Ausrichtung geraten. Seelische Anspannung führt zu Muskelverspannungen, die wiederum dazu führen, dass sich die Muskeln zusammenziehen und die Wirbel aus dem Lot bringen. Diejenigen, die unter diesem Problem leiden, wissen, dass derselbe Wirbel immer wieder aus dem Lot gerät, weil das zugrunde liegende Muster nicht angegangen wird. Der Körper stellt sich selbst ein, wenn keine zugrunde liegende Spannung diesen natürlichen Prozess behindert.

Wir erleben oft Unfälle und Verletzungen in Bereichen, die unter Stress stehen. Der Körper ist darauf ausgelegt, sich selbst zu heilen. Wir heilen nicht immer vollständig, wenn unterschwellige Spannungen diesen natürlichen Prozess hemmen.

Die Metamorphose-Perspektive betrachtet Krankheiten und Zustände als Folge der Spannung zwischen Afferenz und Efferenz.

Beachte, dass Metamorphose nicht darauf abzielt, zu heilen. Wenn du eine ernsthafte Erkrankung hast, musst du entscheiden, wie du vorgehen willst.

Ich persönlich finde, dass die Informationen von Anthony William (The Medical Medium) über Viren eine Menge gesundheitlicher Probleme erklären. Kurz gesagt, unser Körper hat aufgrund von Chemikalien in der Umwelt zu kämpfen. Wir haben Chemikalien in der Umwelt aufgrund des unbewussten Verhaltens der Efferenz. Anthony lehrt dich, wie der Körper funktioniert und wie man Schwermetalle und Chemikalien aus dem Körper heraushält.

Afferenz-Efferenz und die globale Dynamik

Alles Leben auf diesem Planeten, einschließlich der Tiere und der Umwelt, unterliegt der Spannung zwischen Afferenz und Efferenz oder wird von ihr beeinflusst.

Die negative Dynamik von Afferenz und Efferenz ist die Ursache für alle Kriege und Disharmonien auf unserem Planeten. Bedenke, wie sich dieses Ungleichgewicht auf alle Lebewesen auswirkt. Viele Tiere sind der Domestizierung, Gefangenschaft, Massentierhaltung, dem Klonen und Tierversuchen ausgesetzt. Die Umwelt ist der Verschmutzung, dem Tagebau, dem Fracking, der Verstädterung, den Atomtests, der Gentechnik und der globalen Erwärmung ausgesetzt - um nur einige Probleme zu nennen.

Die Bemühungen sind oft gut gemeint, auch wenn die Handlungen nicht immer bewusst sind. Die Massentierhaltung kann eine größere Menge an Nahrungsmitteln für eine wachsende Bevölkerung produzieren. Tierversuche helfen, Heilmittel für Krankheiten zu finden. Wäre die Menschheit als Ganzes im Gleichgewicht, gäbe es keine Überbevölkerung und keine Krankheiten, die geheilt werden müssen. Wir würden nicht zu

Lösungen neigen, die mit Schmerzen und Leiden verbunden sind.

Wie die Menschen haben auch die Länder Beziehungen zueinander, die ebenfalls der negativen Dynamik von Afferenz und Efferenz unterworfen sind. Genau wie auf der persönlichen Ebene findet die Dynamik des Angriffs der Efferenz auf die Afferenz auch auf der globalen Ebene statt. Die efferenzstärkeren Länder greifen Länder an, die afferenter sind als sie selbst, und überholen sie oft. Obwohl England ein geografisch kleines Land ist, hat es im Laufe der Geschichte viele verschiedene Länder und Kulturen erobert.

Staaten spiegeln die allgemeine Ausrichtung des Landes und seiner Bewohner wider. Betrachten Sie die Natur der einheimischen Tiere, denn sie spiegeln die Ausrichtung des Landes wider. Wie bei den Menschen sind die afferent orientierten Tiere eher Vegetarier und die efferent orientierten Tiere eher Fleischfresser.

Das Land Australien ist sehr afferent, und die Aborigines sind eine extrem afferente Rasse. Die Aborigines sind eine uralte Rasse, die jedoch nie dauerhafte Strukturen geschaffen hat. Im Gegensatz dazu ist die australische Kultur von der Afferenz des Landes geprägt und bringt oft ein falsches Machotum hervor.

Betrachte die Natur der Psyche und Kultur eines jeden Landes. England, Holland, Deutschland und die Vereinigten Staaten sind zum Beispiel eher efferent orientiert. Länder, die zum Kapitalismus, zur Technologie und zur Kriegsführung tendieren, sind von Natur aus efferent.

Man bedenke, wie viel Einfluss Hollywood auf die Welt hat. Hollywood ist der Inbegriff des Image-Musters, denn Filme sind die Nachahmung des Lebens. Die Vereinigten Staaten beeinflussen über Hollywood einen großen Teil der Welt mit ihrer Kultur und ihren Sichtweisen. Außerdem zwingen die Vereinigten Staaten anderen Ländern häufig ihre politischen Ansichten und Agenden auf.

Der Weg aus den negativen Mustern von Afferenz und Efferenz

Man kann unendlich viel Zeit und Energie darauf verwenden, sich für lohnende Zwecke einzusetzen, und es gibt so viele Dilemmas, die man dazu auswählen kann, aber im Großen und Ganzen ändert sich nichts. Die Muster werden ein neues Ventil finden und damit neue Ursachen, neue Opfer und neue Retter erschaffen. Der Kreislauf endet nicht auf diese Weise.

Indem du auf einer grundlegenden Ebene an dir selbst arbeitest, veränderst du das Gesamtmuster negativer Afferenz und Efferenz. Je mehr Menschen beginnen, auf dieser Ebene zu arbeiten, desto mehr werden die zugrunde liegenden Muster, die Disharmonie, Leiden und Krankheit erzeugen, verschwinden.

> *Die Arbeit an den eigenen Mustern ist der effektivste Weg, um persönlichen und globalen Frieden und Harmonie zu schaffen..*

1993 beobachtete Robert, dass Afferenz und Efferenz in ihren ursprünglichen Zustand zurückkehrten. (Robert St. Johns Liste der relevanten Datumsangaben findest du im "Suffix zum funktionalen Menschen" am Ende des Buches). Die Efferenz, die seit Beginn der menschlichen Existenz vorherrschend war, unterliegt nun wieder der Afferenz. Das hat zur Folge, dass die Afferenz als Bewusstsein sozusagen Licht auf die negativen Muster der Menschheit wirft.

Mit dem Eintritt in das einundzwanzigste Jahrhundert bewegen wir uns vom Fischzeitalter in das Wassermannzeitalter. Die Muster der Menschheit, die sich dagegen wehren, kommen derzeit an die Oberfläche und verursachen Katastrophen, Chaos, Unruhen und Umwälzungen.

Die Metamorphose ist hier, um bei diesem Übergang zu helfen. Robert pflegte zu sagen, dass man von dem Chaos um einen herum weniger betroffen ist, wenn man ein gutes Gleichgewicht zwischen Afferenz und Efferenz hat. Wenn wir individuell die Muster der Vergangenheit loslassen, werden wir uns kollektiv zu einer bewussteren und friedlicheren Existenz bewegen.

Es ist hilfreich, die positive und negative Natur von Afferenz und Efferenz zu verstehen, ihre gemeinsame Dynamik und die Muster, die sie erzeugen. Das Erkennen der zwanghaften Natur von Mustern ermöglicht mehr Mitgefühl mit sich selbst und anderen. Wenn wir beginnen, die Natur unserer eigenen Muster zu verstehen, werden wir mehr bedingungslose Liebe und Mitgefühl für andere aufbringen, denn wir alle haben herausfordernde Muster. Auch für Eltern ist es hilfreich, die Afferent-Efferent-Dynamik zu verstehen, wenn sie Entscheidungen für ihre Kinder treffen.

Die Menschen haben es oft eilig, etwas Besseres zu sein, als sie sind, und wissen nicht immer zu schätzen, wer sie bereits sind. Die Erkenntnis, dass wir nicht unsere Muster sind, verringert das Bedürfnis, etwas oder jemand zu sein, der wir nicht sind.

In der Metamorphose geht es letztlich um bedingungslose Liebe, etwas, das wir alle gerne empfangen, aber oft nur schwer geben können. Verurteilung ist eine negative Auswirkung und das Gegenteil von bedingungsloser Liebe. Wenn wir die Muster, mit denen die Menschheit kämpft, weniger verurteilen würden, wären wir vielleicht besser in der Lage, sie loszulassen. Ich finde es hilfreich, Menschen mit Mustern zu betrachten, anstatt sie mit Problemen zu etikettieren.

Zusammenfassend lässt sich sagen, dass die Muster des Missbrauchs, der Dysfunktion, der Krankheit und des Leidens auf dem Planeten seit

Anbeginn der Zeit existieren. Wenn du dich mit den universellen Mustern der Menschheit in dir selbst auseinandersetzt, beeinflusst du auch die Lebensqualität auf diesem Planeten. Das bedeutet, dass das Beste, was du tun kannst, um anderen, Tieren, der Umwelt oder der globalen Disharmonie zu helfen, darin besteht, an dir selbst zu arbeiten.

Das Pränatale Muster

Das pränatale Muster ist eine Möglichkeit, dieses größere Bild der Spannung, den Abstand zwischen Afferenz und Efferenz, und wie es dich persönlich beeinflusst, anzusprechen. Deine eigene, einzigartige Zusammensetzung von Spannung wird bei der Empfängnis in eine Zelle eingepflanzt. Diese eine Zelle repliziert und repliziert sich, und diese zugrunde liegende Spannung wird in der knöchernen Struktur deines Kopfes und deiner Wirbelsäule aufgezeichnet.

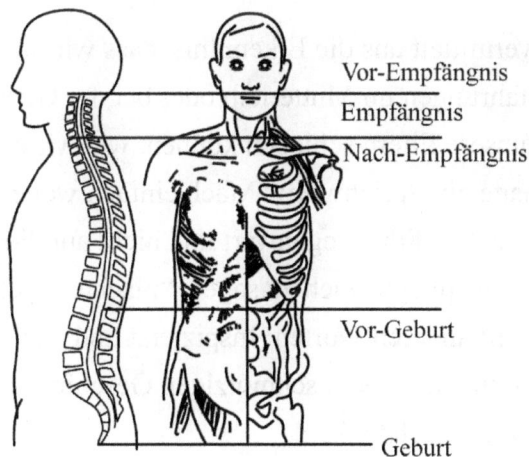

Dieses Diagramm zeigt, wie die Spannung in der Wirbelsäule ausstrahlt und sich auf den physischen Körper auswirkt.

Diese Spannung beeinflusst, wie du dich durch die Zeit der Schwangerschaft bewegst, wie deine Geburtserfahrung verläuft und wie du im Leben funktionierst. Es ist deine primäre Ebene der Spannung. Der Grad dieser

Spannung in jedem Menschen bestimmt, wie schwierig das Leben sein wird. Je größer die Spannung ist, desto schwieriger ist das Leben.

Dies ist die Antwort auf die häufig gestellte Frage nach Natur und Erziehung. Aus dieser Perspektive werden unsere Umgebung im Mutterleib, bei der Geburt und in der Kindheit als sekundäre Stressfaktoren betrachtet. Unterschwellige, unbewusste Spannungen wirken sich auf all diese Dinge aus. Sie ist die unsichtbare Barriere, die uns beeinflusst. Metamorphose bringt das Gewahrsein über die Spannung die uns auf einer Ebene beeinflusst, der wir uns nicht bewusst sind. Wenn man sie einmal erkannt hat, erfährt man eine Veränderung vieler bisheriger Perspektiven.

Wenn wir unbewussten, inneren Stress erleben, fällt es uns schwerer, mit äußerem Stress fertig zu werden. Das Ausmaß des inneren Stresses ist auf unbewusste Spannungen zurückzuführen.

Diese Sichtweise vermittelt uns die Erkenntnis, dass wir die Schuld nicht so sehr auf unsere Erfahrungen im Mutterleib oder bei der Geburt, auf unsere Kindheit oder auf unsere Eltern schieben können, wie wir es vielleicht gerne möchten. Robert hatte ein Sprichwort: "Mach einfach weiter damit", was bedeutet, dass man sich auf die Gegenwart und nicht auf die Vergangenheit konzentrieren sollte. Er pflegte auch zu sagen, "mach einfach mit dem Abwasch weiter". Mit anderen Worten: Inspizierst und analysierst Du jedes Stückchen Essen auf deinem schmutzigen Geschirr, oder spülst du es einfach ab? Etwas zum Nachdenken!

- Vor-Empfängnis

Die Zeit vor der Empfängnis ist die Zeit vor der physischen Manifestation, in der alle karmischen Einflüsse zusammenkommen. Karmisch bedeutet in diesem Sinne, dass es sich um den Bereich der Gedanken handelt - um die ätherischen gegenüber den physischen Energien.

Die Präkonzeption hat mit dem Kopf, der Zirbeldrüse und der Hypophyse zu tun. Physisch gesehen wirkt sich die Präkonzeption auf die Nebenhöhlen und den Kopf ab dem Bereich oberhalb der Kieferlinie aus.

Das Diagramm zur Vor-Empfängnis bietet ein Mittel, um die kollektiven und individuellen Einflüsse zu veranschaulichen, die bei der Empfängnis eintreten können.

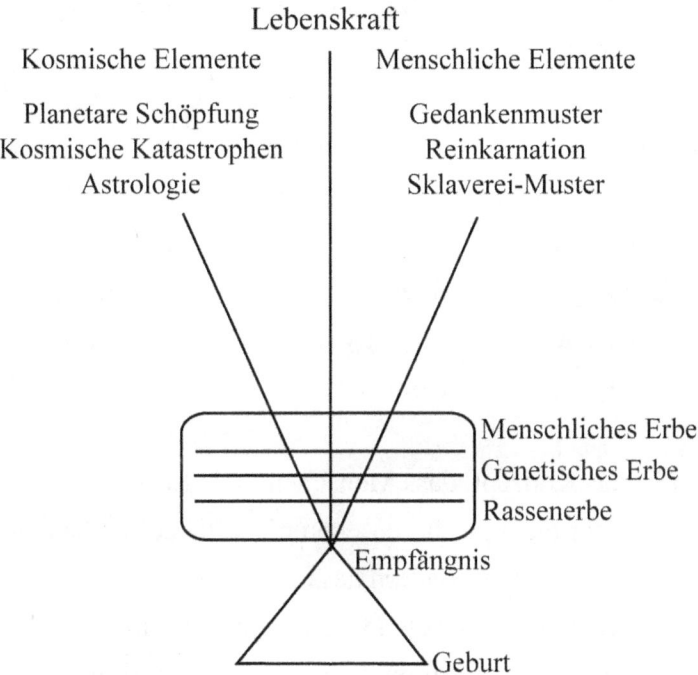

Dieses Diagramm veranschaulicht das Thema, mit dem wir in der Praxis der Metamorphose arbeiten. Wir sprechen diese zugrundeliegenden Stressmuster über die Wirbelsäulenreflexpunkte an den Füßen, Händen und am Kopf an, aber auch, wenn wir direkt an der Wirbelsäule arbeiten, oder wenn wir die Handsymbole verwenden.

Alles oberhalb des Dreiecks stellt die karmischen Muster dar, die nicht-physischen Muster, die in Form von Gedanken existieren. Die Spitze des Dreiecks steht für die Empfängnis, den Moment, in dem die Einflüsse, die zu diesem Individuum gehören, seine genetischen und karmischen Muster, in die physische Form eintreten. Das Dreieck steht für die Reifezeit von der Empfängnis bis zur Geburt.

Die kosmischen Elemente beziehen sich auf die Muster unseres Planeten und des Universums, die seit Beginn der Schöpfung alle Formen des Lebens beeinflusst haben, einschließlich der Trennung von Afferenz und Efferenz. Die menschlichen Elemente beziehen sich auf die Muster der Menschheit seit dem Beginn der menschlichen Existenz.

Die Astrologie basiert auf der Ausrichtung der Planeten zum genauen Zeitpunkt unserer Geburt und dem Einfluss, den sie auf uns haben. Die Idee der Metamorphose ist, dass wir, wenn wir in ein besseres Gleichgewicht kommen, weniger negativ von Dingen außerhalb unser selbst, einschließlich der Planeten, beeinflusst werden. Das bedeutet, dass wir unsere astrologischen Horoskope transzendieren können.

Reinkarnation ist das Konzept, dass Menschen viele Leben leben. Robert sagte, dass die Erinnerung an frühere Leben nicht unbedingt bedeutet, dass wir diese Leben gelebt haben, sondern dass möglicherweise nach dem Tod eines Menschen seine ungelösten Gedankenmuster in Zeit und Raum verbleiben. Wenn eine Person während der Zeit der Vor-Empfängnis eine Affinität zu einem Gedankenmuster aus einem früheren Leben hat, kann dieses zu einem karmischen Muster werden und ihr Leben beeinflussen. Ob es Reinkarnation gibt, ist nicht wirklich der Punkt. Es geht darum, wie wir kollektiv dazu neigen, uns an Denkweisen zu klammern, wodurch Glaubenssysteme entstehen. Viel wichtiger ist, dass uns etwas aus der Vergangenheit in der Gegenwart beeinflusst, was in gewisser Weise bedeutet, dass wir in der Vergangenheit feststecken. Das Ziel der Metamorphose ist es, die negativen Einflüsse der Vergangenheit loszulassen.

Das Muster der Sklaverei hat die Menschheit immer beeinflusst. Im Laufe der Geschichte hat die Menschheit Gruppen von Menschen versklavt und versklavt auch heute noch Tiere zur Unterhaltung und als Lasttiere. Die Mentalität, Arbeiter als Arbeitskraft zu benutzen, die Arbeiterklasse, ist ebenfalls von diesem Muster geprägt.

Das menschliche Erbe bezieht sich auf die einzigartigen Muster der Menschheit. Bedenke, dass die Störungen des negativen afferent-efferenten Musters alles Leben auf diesem Planeten beeinflussen.

Das genetische Erbe bezieht sich auf die Muster innerhalb Ihrer Abstammungslinie, zurück zu Ihren Ursprüngen, die über die mütterlichen und väterlichen Gene weitergegeben werden.

Das rassische Erbe bezieht sich auf die Denkmuster in Bezug auf Ihre Rasse oder Kultur, die bis zu ihrem Ursprung zurückreichen. Jede Rasse und Kultur hat ihre eigene einzigartige Geschichte und ihre eigenen Muster. All diese Einflüsse sind ein Ergebnis der Trennung von Afferenz und Efferenz. Ihr Einfluss auf die Menschheit und auf jeden Einzelnen ist in erster Linie unbewusst, weshalb wir die Ursache für unsere individuellen und kollektiven Störungen oft nicht finden können.

Wenn wir uns begrenzen in der Weite unserer Absicht, begrenzen wir unsere Fähigkeit zu erschaffen und zu heilen. Zum Ursprung aller Muster zurückzukehren, die die Menschheit beeinflussen, bedeutet, dass wir alle Aspekte unserer Muster einbeziehen und nicht nur die Aspekte, die wir intellektuell verstehen oder interpretieren können.

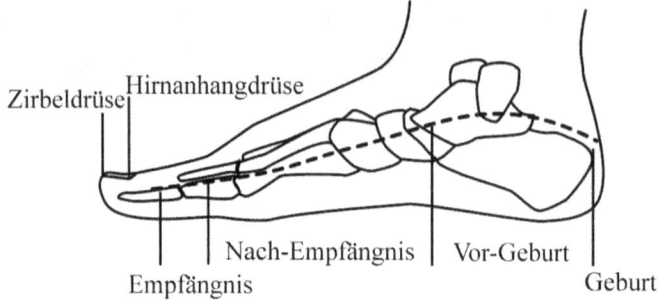

Der Zirbeldrüsen- und der Hypophysenreflex stellen das Lebensprinzip dar, das, was sich außerhalb des physischen Bereichs manifestiert. Der Zirbeldrüsenreflex befindet sich am oberen, inneren Rand des großen Zehennagels. Die Zirbeldrüse repräsentiert das absolute Lebensprinzip. Der Hypophysenreflexpunkt befindet sich am unteren, inneren Rand des großen Zehennagels. Die Hypophyse steht für das Lebensprinzip, das für den menschlichen Verstand nachvollziehbar ist.

- **Empfängnis**
Der Moment der Empfängnis ist der Zeitpunkt, in dem alle deine

genetischen und karmischen Einflüsse eine physische Form annehmen - eine Zelle. Dies ist dein persönlicher Beginn. Je nach dem Ausmaß des Stresses, der durch die genetischen und karmischen Einflüsse eingebracht wird, kann die Empfängnis ziemlich verstörend sein.

Jeder Mensch hat seine eigene Mischung aus genetischen und karmischen Einflüssen, die bei der Empfängnis eintreten und die seine afferente oder efferente Ausrichtung bestimmen werden. Der Grad des Stresses, der bei der Empfängnis eintritt, führt dazu, dass sich einige vom Leben zurückziehen und eine afferente Ausrichtung schaffen. Andere stoßen ins Leben vor und schaffen eine efferente Orientierung.
Die bei der Empfängnis eingebrachten Belastungen wirken sich darauf aus,

wie du dich im Mutterleib auf allen Ebenen entwickelst. Diese Spannungen schaffen deine Geisteshaltung gegenüber dem Eintritt ins Leben.

Deine afferente oder efferente Ausrichtung beeinflusst den Verlauf des Geburtsvorgangs und die Art und Weise, wie du das Leben von der Geburt an wahrnimmst, einschließlich der Art und Weise, wie du auf die Menschen und Situationen reagierst, die dir im Laufe deines Lebens begegnen.

Die Empfängnis wird im ersten Halswirbel registriert und beeinflusst direkt alle sieben Halswirbel. Körperlich wirkt sich die Empfängnis auf den Kiefer, den Mund, den Hals und den Nacken aus.

Die Empfängnis hat auch Einfluss auf alle Aspekte des Menschen. Die erste Zelle wird bei der Empfängnis geprägt. Diese Zelle vermehrt sich und beeinflusst die übrigen Zellen, aus denen jeder einzelne Mensch entsteht. Der Reflexpunkt ist das Gelenk des großen Zehs und wirkt sich bis zu der Stelle aus, an der der große Zeh auf den Körper des Fußes trifft.

- Nach-Empfängnis: die 6. bis 23. Schwangerschaftswoche
In dieser Zeit geht es um Wachstum und Entwicklung.

Alle Elemente, die für die Entstehung eines neuen Menschen erforderlich sind, sind vorhanden. Die Aufgabe besteht darin, zu wachsen und sich zu entwickeln. Man kann mit der Entwicklung fortfahren oder sie hinauszögern. Die Haltung des Zögerns kann sich als Muster durch das ganze Leben ziehen. Wenn das Zögern extrem ist, wird das Kind behindert geboren, d. h. in seiner Entwicklung zurückgeblieben.

In dieser Zeit kommt es häufig zu Fehlgeburten. Manche entscheiden sich in dieser Phase für einen Ausstieg, wenn ihnen die Vorstellung, ins Leben zu treten, zu beängstigend erscheint.
Körperlich wirkt sich die Nach-Empfängnis auf die Schultern, die Arme, die

Brustwirbelsäule und alles, was sich vom oberen Teil der Schultern bis zum Zwerchfell oder der Basis des Brustkorbs befindet, aus.

Die Reflexpunkte beginnen dort, wo der große Zeh auf den Fußballen trifft, und reichen bis kurz vor den runden Innenknöchel.

- Vor-Geburt: 23. Woche bis zur Geburt
In dieser Zeit geht es um die Vorbereitung auf die Geburt, um Aktion und Veränderung.

Wenn in der Zeit vor der Geburt erheblicher Stress vorhanden ist, kann das Baby Gefühle von Angst, Frustration oder Unzulänglichkeit erleben. Es kann Angst vor Veränderung haben oder sich weigern, in die nächste Phase, die Geburt, einzutreten.

Diese Einstellungen, die während der Schwangerschaft vorhanden sind, beeinflussen uns das ganze Leben lang, und zwar auf einer unbewussten Ebene. Robert hat einmal gesagt, dass die vorgeburtliche Zeit ein Testlauf für das Leben ist; wie wir mit innerem und äußerem Stress im Mutterleib umgehen, ähnelt der Art und Weise, wie wir im Laufe des Lebens mit Stress umgehen werden.

Physisch gesehen beeinflusst die Vorgeburtszeit den Bereich vom Zwerchfell bis zum Beckenboden. Dieser Bereich umfasst das Verdauungs-, Ausscheidungs- und Fortpflanzungssystem sowie die Lendenwirbelsäule, das Kreuzbein und die Hüften.

Der Reflexbereich erstreckt sich von knapp unterhalb des Innenknöchels bis kurz vor den Rand der Ferse.

- Geburt

Die Geburt bezieht sich auf das Prinzip des Handelns. Dies spiegelt sich in deiner Fähigkeit oder Unfähigkeit wider, dich im Leben frei zu bewegen. Bei der Metamorphose betrachten wir die Einstellungen und die Natur jeder Situation. Schwierige Wehen und Entbindungen sind oft Ausdruck eines Widerstands gegen das Vorwärtskommen im Leben oder der Unfähigkeit, in Aktion zu treten.

Babys, die nach ihrem Geburtstermin ankommen, zögern vielleicht, ins Leben zu kommen, oder es fehlt ihnen an der Initiative, etwas zu unternehmen. Frühgeborene können zu früh kommen, weil sie bereit und aufgeregt sind, ins Leben zu kommen.

Oder sie kommen einfach zu früh, weil sie die Energie der Gebärmutterumgebung verlassen wollten.

Körperlich wirkt sich die Geburt auf die Harnröhre, den Genitalbereich und das Steißbein aus. Der Reflexpunkt liegt kurz vor der Kante des Fersenbeins.

Das Schöpfungsthema

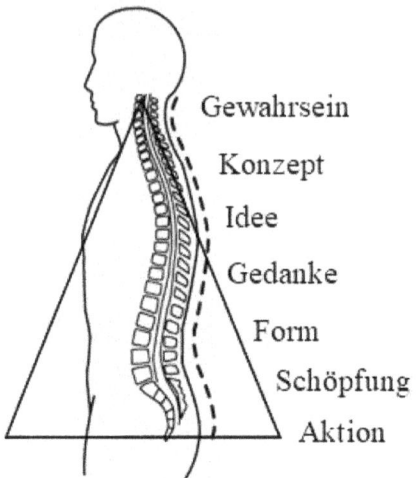

Das Schöpfungsthema stellt die Prinzipien von Gewahrsein, Konzept, Idee, Gedanke, Form, Schöpfung und Handlung vor. Diese Prinzipien stehen für die natürliche Bewegung des Bewusstseins in die Aktion (oder der Afferenz in die Efferenz). Dies ist die Schöpfung, die Bewegung der Essenz des Lebens in die physische Manifestation.

Robert stellte dies zunächst mit einem Dreieck dar und erkannte später, dass das Dreieck Teil einer Kugel war. Ich habe mich entschieden, das Thema des pränatalen Musters zusammen mit dem Thema der Schöpfung darzustellen, um dir zu zeigen, wie sie mit den Wochen der Schwangerschaft in Verbindung stehen. Visuell ist es hilfreich zu sehen, wie es mit der tatsächlichen Praxis der Metamorphose zusammenhängt. Es ist verlockend, zu intellektuell zu werden, und der Sinn der Arbeit besteht darin, aus dem Verstand herauszutreten und einfach präsenter zu sein.

Der Zweck jeder Struktur in der Metamorphose ist es, ein Mittel zur Darstellung eines Themas zu bieten. Es ist hilfreich, sich dieses Themas bewusst zu sein und es nicht als separate Struktur zu betrachten. Das pränatale Muster und das Thema der Schöpfung entsprechen den Wochen der Schwangerschaft, und zusammen umfassen sie ein größeres Thema.

Das pränatale Muster gibt dir das Thema der Entwicklung während der Schwangerschaftsphasen an die Hand, und das Schöpfungsthema bietet ein Mittel, um zu visualisieren, wie das Bewusstsein in Aktion tritt. Beide befassen sich mit den Geisteshaltungen, die unser Leben erschaffen.

Das Gewahrsein befindet sich am selben Punkt wie die Empfängnis. Dies ist die erste menschliche Manifestation des Prinzips der Afferenz.

Konzept ist die Ebene der 8. Woche. Dies ist das Ende der embryonalen Periode; die Erschaffung der Primärstruktur des Körpers ist abgeschlossen. Es besteht eine abstrakte Sicht auf die Lebensmuster.

Die Idee ist die Stufe der 13. Woche. Es bildet sich ein Bild im Kopf, das das Potenzial für eine Struktur hat.

Der Gedanke ist die Ebene der 19. Woche, der 9. Brustwirbel, die Ebene des Solarplexus. Hier vermischen und überkreuzen sich Afferenz und Efferenz. Der Gedanke existiert, ist aber nicht für die Manifestation vorbereitet.

Form ist die Ebene der 26. Woche. Sie ist der Beginn des Potenzials der physischen Aktion. Robert hat sie mit dem Gerüst eines Hauses gleichgesetzt.

Die Schöpfung ist die Ebene der 34. Woche, die Spitze des Kreuzbeins. Hier ist alles vorhanden, was für die vollständige Manifestation des Bewusstseins in Aktion erforderlich ist; du bereitest dich auf die Aktion vor. Dies spiegelt sich in deinem Wunsch und deiner Fähigkeit zu erschaffen wider. Spannungen in diesem Bereich werden oft durch Sport oder Sex ausgedrückt.

Die Handlung befindet sich an demselben Punkt wie die Geburt. Dies ist das Prinzip des Handelns, die Fähigkeit, im Leben voranzukommen.

Der Gebrauch von Struktur

Der Gebrauch von Struktur ist interessant, denn er beeinflusst uns auf eine Art und Weise, die wir vielleicht nicht bemerken.

Es ist wichtig zu erkennen, dass die Praxis der Metamorphose einfach eine Struktur bietet, die ein Weg ist, das Gesamtthema zu vermitteln. Wenn du anfängst, die Verwendung von Struktur in jeder Heilkunst und in der Welt um dich herum zu erkennen, verändert das deine Perspektive dramatisch und macht es einfacher, die Natur der Welt um dich herum zu sehen.

Metamorphose verwendet die Struktur des pränatalen Musters, die in gleich erklärt wird sowie das Thema von Afferenz und Efferenz. Das Thema von Afferenz und Efferenz bietet eine Perspektive auf die Schöpfung, den Beginn der Stressmuster der Menschheit und ihre Beziehungsdynamiken. Die Verwendung von Reflexpunkten und das pränatale Muster bieten eine Struktur für den Zugang zu diesen Stressmustern. Die Reduzierung der Struktur in der Praxis der Metamorphose ist ein natürlicher Vorgang, wenn wir uns dem Gleichgewicht von Afferenz und Efferenz nähern.

Wenn du aus einem Gleichgewicht von Afferenz und Efferenz heraus arbeitest, wirst du ganz natürlich das geringste Maß an Struktur verwenden, das für die anstehende Aufgabe erforderlich ist. Behalte dies im Hinterkopf, wenn du dieses Buch liest, und beobachte die verschiedenen Ebenen der Struktur in der Praxis der Metamorphose. Als Robert sich mit den Prinzipien der Metamorphose beschäftigte, wurde sein Ansatz immer feiner und abstrakter. Er war der Meinung, dass die Veränderung umso grundlegender ist, je abstrakter der Ansatz ist.

Betrachte den Gebrauch von Struktur in einem größeren Maßstab. Negative Efferenz dehnt sich zwanghaft aus und fügt unnötige Strukturen hinzu. Schaue dir ein großes Unternehmen oder ein Führungsgremium an; seine endlosen Strukturen minimieren oft seine Effektivität und behindern die Erfüllung seines Zwecks. Es ist leicht, den Mangel an Bewusstsein (Afferenz) in diesen Strukturen zu erkennen.

Betrachte die Natur von Struktur in Bezug auf die Heilkünste im Allgemeinen. Ein Werk mag mit einem einfachen Ansatz begonnen haben, wie z.B. Metamorphose, mit einer großen Absicht. Im Laufe der Zeit, wenn mehr und mehr efferent-orientierte Menschen beteiligt sind, werden oft Techniken, Ebenen und/oder Hierarchien hinzugefügt oder geschaffen. Im Allgemeinen fügt diese Art der Strukturierung mehr Information hinzu und entfernt sich weiter von der Essenz oder dem Wesen der Heilung.

Hierarchie ist eine auf Bedeutungsebenen basierende Struktur, die in den Heilkünsten weit verbreitet ist. Es gibt diejenigen, die als Heiler oder Experten verehrt werden oder sich selbst für solche halten. Auch das Zertifizierungssystem ist nach diesem Muster aufgebaut, denn man kann einen anderen nur dann zertifizieren, wenn man sich selbst als Autorität betrachtet. Dies ist der Grund, warum Robert kein Zertifizierungsprogramm geschaffen hat. Er ermutigte die Menschen, die Antworten für sich selbst zu finden und sich so von der Struktur der Hierarchie zu entfernen.

Die Praxis

Nutze deine Intuition beim Arbeiten, lass dich von deinen Händen und nicht von deinem Verstand leiten.

Die Praxis der Metamorphose ist sehr einfach. Die zuvor besprochenen Prinzipien und das Thema sind in deiner Entscheidung, Metamorphose zu praktizieren, enthalten. Dies ermöglicht es dem Praktizierenden, einfach bei der Person, die behandelt wird, anwesend zu sein. Metamorphose ist nicht verbal und nicht direktiv.

Die Praxis der Metamorphose umfasst die Berührung der Wirbelsäulenreflexpunkte an Füßen, Händen und Kopf sowie die direkte Arbeit an der Wirbelsäule.

Die Handsymbole sind ebenfalls Teil der Praxis. Zur Unterscheidung bezeichne ich die Arbeit an den Füßen, Händen, am Kopf und an der Wirbelsäule als Hands-on-Ansatz.

Robert beobachtete, dass wir hauptsächlich auf drei Arten mit dem Leben korrespondieren: Denken, Tun und Gehen. Er nannte dies das Prinzip der Entsprechung. Um also alle Arten der Interaktion mit dem Leben anzusprechen, arbeiten wir an den Wirbelsäulenreflexpunkten für Füße, Hände und Kopf.

Die Wirbelsäule ist das Zentrum des Körpers. Die Füße, die Hände und der Kopf gehen von der Wirbelsäule aus. Die Wirbelsäule verkörpert alles, was während der Schwangerschaft stattgefunden hat, wobei der Schwerpunkt auf den Geisteshaltungen liegt, die uns zu dem gemacht haben, was wir heute sind. Diese Geisteshaltungen sind aus unseren genetischen und karmischen Mustern entstanden, die bei der Empfängnis entstanden sind.

Wenn wir Metamorphose praktizieren, erlauben wir der Behandlung zu geschehen, genauso wie wir auch der Heilung erlauben, zu geschehen. Das bedeutet, dass wir keine Behandlung anordnen oder eine Heilung anstreben. Die Absicht zu heilen, ist ein symptomatischer Ansatz.

Wenn wir die Spannung zwischen Afferenz und Efferenz auflösen, ist Heilung die Antwort darauf. Ich lege Wert darauf, diesen Punkt klarzustellen, weil es bei Metamorphose nicht um Heilung geht. Bei der Metamorphose geht es darum, Gesundheit, Harmonie, Freude... das Leben zu erschaffen, das du dir wünschst. Oder, etwas anders ausgedrückt: aufzuhören, Krankheit, Konflikt, Krieg und Disharmonie zu erzeugen. Als Praktiker ist es wichtig, dass du dir darüber im Klaren bist, dass dies sehr unterschiedliche Absichten sind.

Während der praktischen Anwendung der Metamorphose legst du deine Finger auf oder über einen Wirbelsäulenreflexpunkt, um deine Aufmerksamkeit dorthin zu lenken.

Indem du deine Aufmerksamkeit dorthin legst, lenkst du die Aufmerksamkeit der innewohnenden Intelligenz des Empfängers darauf, die zugrunde liegende Spannung zu bemerken.

Eine einfache Analogie wäre, wenn du bemerkst, dass jemand angespannt ist und seine Schultern in der Nähe der Ohren hochgezogen sind. Sobald du ihn darauf hinweist, reagiert er und lockert die Anspannung. So ist es auch bei der Metamorphose, die Verwendung von Reflexpunkten dient als Symbol, als Mittel zur Kommunikation mit der unbewussten Spannung. Die innewohnende Intelligenz löst die Spannung, indem sie durch deine

Berührung darauf hingewiesen wird, und so kommen sich Afferenz und Efferenz näher.

Ich beginne eine Behandlung gerne mit einer Begrüßung. Ich lege meine Hand leicht auf den Fuß, die Hand, den Kopf oder die Wirbelsäule, während wir beide uns miteinander vertraut machen.

Die Metamorphose befasst sich mit den zentralen Störungen einer Person, daher ist es gut, zuerst eine Beziehung herzustellen.

Die Behandlung erfolgt durch Einstimmung, so dass du weißt, wo du arbeiten musst, wie lange du arbeiten musst und welche Art von Druck oder Berührung du anwenden wirst, wenn überhaupt. Dazu gehört auch, wo man anfängt, z. B. an den Füßen, Händen, am Kopf oder an der Wirbelsäule, und auch, wo man an den Reflexpunkten der Wirbelsäule beginnt. Es gibt keine Möglichkeit, den Menschen beizubringen, wie man sich einstimmt, außer dass man ihnen vorschlägt, bewusst auf die Reflexpunkte zu achten, bis sie es nicht mehr brauchen.

Du kannst die Einstimmung üben, indem du einen Fuß hältst und deine Hand entlang der Wirbelsäulenreflexpunkte bewegst und dabei wahrnimmst, was du fühlst. Du kannst auch die Augen schließen, wenn es dir dadurch leichter fällt. Du wirst allmählich ein Gefühl dafür bekommen, wo die Verspannung dich auffordert, mit der Behandlung zu beginnen, ohne zu urteilen oder zu analysieren. Wenn du dich entspannst und deine Hände oder dein inneres Wissen reagieren lässt, anstatt deinen Verstand, wird das Einstimmen ganz natürlich werden. Es ist eine Frage des Vertrauens in deine Intuition.

Auf den folgenden Seiten wird erklärt, wo und wie du arbeiten kannst. Danach gibt es einen Frage-Antwort-Teil, der diese Themen vertieft und dir hilft, einen tieferen Sinn für das Ganze zu entwickeln.

Die Füße

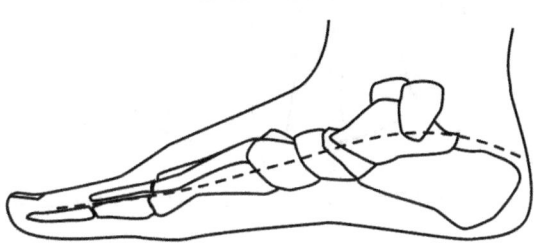

Der praktische Ansatz besteht aus der Arbeit an den Wirbelsäulenreflexpunkten, die oben mit gepunkteten Linien dargestellt sind. Diese Punkte verlaufen entlang der knöchernen Kante der Innenseite des Fußes.

Wir arbeiten an den Füßen, um die primären Stressmuster anzugehen. Die Füße und Beine sind die Verlängerung der Hüften, die uns im Leben vorwärts bewegen. Die Füße repräsentieren das Prinzip der Aktion, unsere Fähigkeit oder Unfähigkeit, uns im Leben vorwärts zu bewegen.

Aus Gründen der Bequemlichkeit solltest du bei der Arbeit im Bereich der großen Zehe die Zehe mit der anderen Hand stützen, um das Gelenk nicht zu belasten.

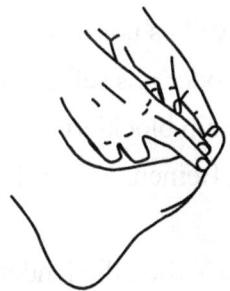

Über den Knöchel

Die Reflexpunkte am Knöchel beginnen knapp unterhalb des kleinen runden Knöchelknochens an der Innenseite des Fußes und setzen sich über den Rist bis knapp unterhalb des kleinen runden Knöchelknochens an der Außenseite des Fußes fort.

Die Knöchel sind das Prinzip der Aktion. Robert bezeichnete diesen Bereich auch als „psychisches Getümmel". Denke daran, dass es bei der Metamorphose darum geht, das Prinzip oder die Natur der Dinge zu betrachten. Der Knöchel ist ein Reflex für den Becken-/Hüftbereich, wo die Aktion oder Bewegung eingeleitet wird.

Eine Turnüre ist ein Kleidungsstück, das man um die Taille unter dem Rock trägt und das hinter einem sitzt. Robert hat in seiner oft klugen Wortwahl den Begriff "psychisches Getümmel" als Analogie für all die Dinge verwendet, mit denen wir uns nicht beschäftigen wollen, die wir gewissermaßen aus dem Blickfeld verdrängt haben.

Das Aktionsprinzip steht für unsere Fähigkeit, voranzukommen. Manchmal haben wir Ideen, die wir nicht in die Tat umsetzen können. Ein anderes Mal fühlen wir uns festgefahren, weil es uns an Leichtigkeit fehlt, uns im Leben zu bewegen. Wenn wir Ideen oder uns selbst nicht in Bewegung bringen können, kann das Aktionsprinzip blockiert sein. Dies kann sich körperlich als Probleme mit den Hüften, Beinen, Knien, Knöcheln oder Füßen zeigen.

Vielleicht möchtest du vor der Arbeit die Knöchel überprüfen, um zu sehen, wie gestaut sie sind. Ich lege meine Hand über den Knöchelbereich, um ein Gefühl dafür zu bekommen, wie er sich anfühlt. Wenn das Aktionsprinzip sehr gestaut ist, behindert es die Fähigkeit, aus den Mustern herauszukommen.

Eine Stauung kann sich schwer oder chaotisch anfühlen, oder die Hand kann sich wie festgeklebt anfühlen. Wenn sich der Knöchelbereich gestaut anfühlt, solltest du die Behandlung dort beginnen. Es ist ratsam, diesen Bereich zu überprüfen, bevor du an jemandem mit einem extremeren Muster, wie z. B. dem Down-Syndrom, arbeitest. Wenn die Stauung sehr stark ist, solltest du die Behandlung an den Knöcheln beginnen und mit kürzeren Behandlungen starten.

Merkmale der Füße

Gewebe, das aufgrund der zugrundeliegenden Stressmuster unter Spannung steht, reagiert negativ auf die ihm auferlegten Belastungen. Er hat dies regelmäßig an den Füßen beobachtet. Das Reiben Ihrer Schuhe auf dem angespannten Gewebe löst eine negative Reaktion wie Ballenzehen, Blasen und eine Reihe von Störungen aus.

Nicht die Schuhe, sondern die zugrundeliegenden Muster sind die Ursache für die Störungen an den Füßen.

Achte auf die Art dieser Störungen und darauf, wo sie sich in Bezug auf das pränatale Muster physisch manifestieren. Achte auf die Art der Störung: Ist der Bereich trocken, feucht, infiziert oder anderweitig betroffen? Trockenheit ist zum Beispiel ein Mangel an Feuchtigkeit. Die Feuchtigkeit ist auf dem Rückzug, es handelt sich also um eine afferente Störung.

Die Merkmale der Störungen, die sich an den Füßen einer Person zeigen, sind interessant und geben oft Aufschluss über ihre Geschichte. Die Störungen sind physische Hinweise darauf, wo sich einige der zugrundeliegenden Spannungen befinden. Bedenke, dass dies nicht bedeutet, dass du diese Informationen nutzen solltest, um zu bestimmen, wo oder wie lange du arbeiten solltest. Wir stehen einer Behandlung im Weg, wenn wir eine Person analysieren oder versuchen, die Behandlung zu steuern.

Blister sind feuchte Blasen, die durch Reibung entstehen. Feuchtigkeit deutet auf emotionale Spannung hin. Die Haut drückt eine unglückliche Reaktion auf das Leben aus.

Schwielen bilden einen Schutz, die die Haut auf der Haut aufbaut. Achte darauf, wo sich die Schwielen befinden. Schwielen an der Ferse zum Beispiel sind mit der Geburt verbunden. Die Geburt steht für das Prinzip des Handelns. Dies kann auf einen Widerstand oder eine Angst davor hindeuten, im Leben voranzukommen. Als Geburtsreflex könnte sie auch auf Spannungen in Bezug auf die Mutter oder auf das eigene Gefühl, sich selbst oder andere zu bemuttern oder zu versorgen, hinweisen.

Eine Schwiele am Empfängnispunkt weist oft auf ungelöste Probleme mit einem Vater oder einer Autoritätsperson hin. Eine interessante Geschichte: Ich hatte eine Klientin, die eine große Schwiele an ihrem Empfängnispunkt hatte. Ich sagte ihr, dass dies manchmal auf ungelöste Spannungen gegenüber dem Vater hinweist.

Sie erzählte, dass sie missbraucht worden war. Ihr großer Zehennagel war zwanzig Jahre lang gelb gewesen. Nach dieser Behandlung wurde ihr Zehennagel wieder klar. Es ist das Bewusstsein, das die Dinge verändert.

Bei Ballenzehen bauen Knochen auf Knochen auf, was darauf hindeutet, dass die Spannung tiefer sitzt als Haut auf Haut. Achte im Allgemeinen darauf, wo am Fuß im Verhältnis zum vorgeburtlichen Muster die Störung liegt. Ein Ballenzeh beginnt sich in der achten Schwangerschaftswoche zu bilden. Während der Schwangerschaft ist die achte Woche die Zeit, in der sich unser Selbstbewusstsein entwickelt. Ein Ballenzeh steht für eine tief sitzende Spannung in Bezug darauf, wie du über dich selbst empfindest.

Zehen: Hammerzehen und andere Formen von unangenehm aussehenden Zehen stehen für mentale Spannungen. Die Füße verraten dir, wo die Spannung am stärksten chronisch ausgeprägt ist. Das ist alles, worauf wir achten, wir versuchen nicht, etwas anderes zu interpretieren. Sich unangenehm anfühlende Zehen bedeuten, dass ich an deinem Kopf arbeiten würde.

Trockene Haut an der Außenseite des großen Zehs bedeutet Spannung in Bezug auf die Zirbeldrüse. Achte auf diesen Reflexpunkt.

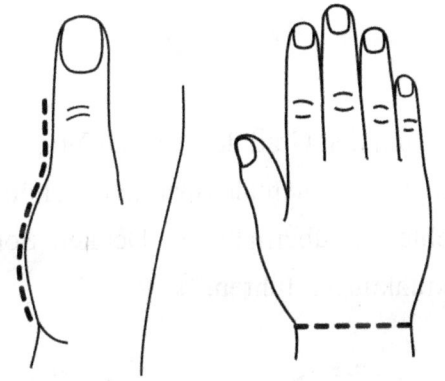

Wir arbeiten an den Händen, um die Fähigkeit anzusprechen, Dinge zu "tun" oder zu erledigen, sowie den Umgang mit dem Leben, mit Emotionen oder einer kürzlich erfolgten Metamorphose-Behandlung.

Die gestrichelten Linien stellen die Wirbelsäulenreflexpunkte dar. Wenn du an der Innenseite der Hand entlang arbeitest, folge dem knöchernen Grat. Auf der Rückseite des Handgelenks gilt das gleiche Prinzip wie am Knöchel. Es handelt sich um den Becken-/Hüftreflex, das Aktionsprinzip und das "psychische Getümmel", jedoch in Bezug auf die Handhabung und Ausführung von Dingen. Wie bei den Fußgelenken kannst du auch bei den Handgelenken vor der Arbeit an den Händen prüfen, wie gestaut sie sind.

Aus Gründen des Komforts, solltest du den Daumen bei der Arbeit in diesem Bereich stützen, um das Gelenk nicht zu belasten.

Der Kopf

Wir arbeiten am Kopf, um den Grad der Anspannung in Bezug auf das Denken anzusprechen. Kopf- oder mentale Spannungen können zu Kopfschmerzen, Nebenhöhlenproblemen, übermäßigem Denken, Sorgen, Analysieren oder psychischen Erkrankungen führen.

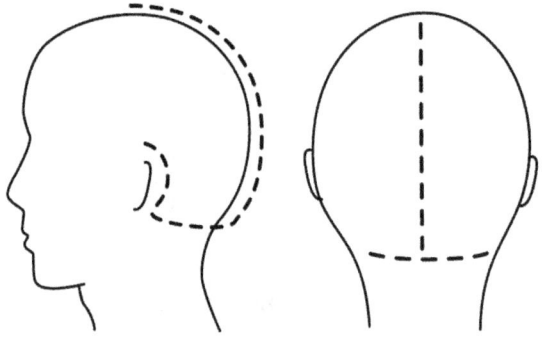

Das Muskelsystem spiegelt den Grad der zugrunde liegenden mentalen Anspannung einer Person wider. Oft können sich Menschen nicht entspannen oder entspannt bleiben, auch nicht während oder nach einer Massage, weil die Verspannungen eher geistiger als muskulärer Natur sind. Menschen mit großen mentalen Spannungen empfinden eine Metamorphose-Behandlung oft als erstaunlich entspannend.

Die Arbeit an der Schädelbasis ist vergleichbar mit der Arbeit an den Knöcheln oder am Handgelenk; sie entspricht dem Hüft-/Beckenreflex und dem Aktionsprinzip, aber in Bezug auf das Denken. Folge dem knöchernen Kamm entlang der Schädelbasis, entlang der knöchernen Erhebung hinter den Ohren, bis zu der Stelle, an der die Ohrmuschel mit dem Kopf verbunden ist. Du kannst an einer Seite der Schädelbasis arbeiten und dann an der anderen, oder du kannst mit beiden Händen gleichzeitig arbeiten. Tue jedes Mal das, was sich am angenehmsten und angemessensten anfühlt.

Wie bei den Knöcheln und Handgelenken kannst du die Schädelbasis überprüfen, um zu sehen, wie gestaut sie ist, bevor du am Kopf arbeitest. Wenn eine starke Stauung vorliegt, solltest du die Behandlung dort beginnen. Bedenke, dass du nicht bei jeder Behandlung an den Knöcheln, Handgelenken oder am Hinterkopf arbeiten musst.

Stimme dich wie immer ein. Bei der Arbeit am Kopf solltest du achtsam mit dem Druck umgehen, da er empfindlicher ist, als es vielleicht den Anschein hat. Experimentiere damit, wie sich Druck auf deinem eigenen Kopf anfühlt, um besser zu verstehen, wie sich der Druck anfühlt.

Die Wirbelsäule

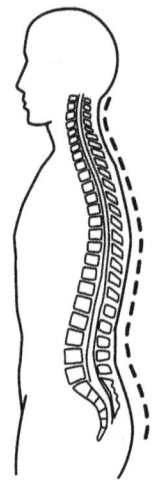

Ursprünglich sagte Robert, dass die Arbeit an der Wirbelsäule vor allem für Tiere gedacht sei. Erst spät im Leben wurde er empfänglicher für die Arbeit an der menschlichen Wirbelsäule. Grundsätzlich sagte er, dass die Wirbelsäule ein zu direkter Ansatz sei und dass es effektiver sei, indirekt zu arbeiten, z. B. über die Wirbelsäulenreflexpunkte der Füße, Hände und des Kopfes.

Ich stimme zwar zu, dass man so abstrakt wie möglich arbeiten sollte, aber ich denke auch, dass das Thema der Metamorphose selbst so abstrakt ist, wie es manche Menschen zunächst begreifen können. Ich unterrichte die Arbeit an der Wirbelsäule, weil ich persönlich und in der Arbeit mit anderen davon profitiert habe. Ich denke, dass sie ein gewisses Maß an Struktur bietet, das manche brauchen, um sich auf die Prinzipien der Metamorphose einzulassen.

Denke an die Natur der Kommunikation. Efferenz neigt dazu, direkt zu sein und versteht daher besser eine direktere Form der Kommunikation. Die Afferenz neigt zur Indirektheit und versteht daher eine indirekte

Form der Kommunikation besser. Dies ist nützlich, um zu verstehen, dass Metamorphose ein Mittel zur Kommunikation ist. Sie ist nicht dazu gedacht, eine Person zu analysieren oder zu diagnostizieren oder zu bestimmen, wo oder wie man arbeiten soll.

Ich möchte dich dazu ermutigen, die Arbeit an der Wirbelsäule auszuprobieren und den Unterschied zu bemerken, wie sie sich anfühlt. Achte auf die direkte Natur der Arbeit an der Wirbelsäule im Vergleich zur indirekten Natur der Arbeit an den Wirbelsäulenreflexpunkten an den Füßen. Die Wirbelsäule wird sich wahrscheinlich intensiver anfühlen, weil du direkt an dem pränatalen Muster arbeitest. Das ist kein Hinweis darauf, dass die Behandlung kraftvoller ist, denn ein Gefühl bedeutet nicht, dass eine Behandlung besser oder kraftvoller ist.

Du wirst vielleicht feststellen, dass du nicht dazu neigst, an der Wirbelsäule zu arbeiten, aber wenn du das tust, wird dir vielleicht bewusst, was es bedeutet, mit Strukturebenen zu arbeiten. Je abstrakter du arbeitest, desto weniger Struktur verwendest du.

Es spielt keine Rolle, ob du direkt auf der Wirbelsäule arbeitest oder etwas weiter rechts oder links, solange du mit der knöchernen Struktur in Kontakt kommst. Wie immer ist die Absicht das Wichtigste.

Du kannst die Wirbelsäule durch die Kleidung oder direkt auf der nackten Haut berühren. Du kannst auch von der bekleideten oder nackten Wirbelsäule weg arbeiten, nur leicht bis einige Zentimeter über dem Körper.

Wenn ich am Steißbein arbeite, tendiere ich dazu, von der Wirbelsäule weg zu arbeiten, nur ein wenig über dem Steißbein. Die meisten Menschen fühlen sich mit Berührungen in diesem Bereich nicht wohl. Ich lasse meine andere Hand auf dem unteren Rücken liegen, damit sie wissen, dass ich weiterarbeite, da sie mich nicht sehen können.

Die pränatalen Muster an Füßen, Händen und Kopf sind Reflexpunkte für die Wirbelsäule. Der Knöchel, das Handgelenk und die Schädelbasis sind Reflexpunkte für die Hüften. Die Arbeit an den Hüften ist, wie die Arbeit an der Wirbelsäule, eine direktere Form der Kommunikation.

Die Hüftreflexpunkte beginnen am inneren Rand des Hüftkamms, verlaufen über die Oberseite des Kreuzbeins und folgen dem Hüftkamm bis zu seinem äußeren Rand.

Wie bei der Schädelbasis kannst du jeweils an einem Hüftkamm arbeiten oder mit zwei Händen an beiden gleichzeitig. Wenn du an der Wirbelsäule arbeitest, kannst du die Hüften überprüfen, um zu sehen, wie gestaut der Bereich ist, bevor du mit der Behandlung beginnst.

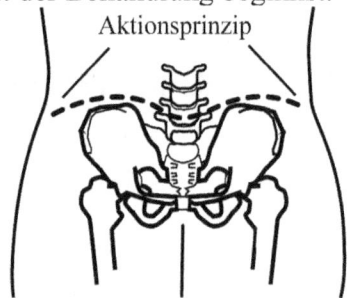

Aktionsprinzip

Die Wirbelsäule an Tieren

Tiere sind ebenfalls der Spannung zwischen Afferenz und Efferenz unterworfen.

Wenn Sie an Tieren arbeiten, gelten die gleichen Prinzipien und Anwendungen. Es ist praktischer an der Wirbelsäule als an den Pfoten, Krallen oder Hufen zu arbeiten.

Tiere haben nicht die gleiche mentale Spannung wie Menschen, da sie nicht analysieren oder symptomatisch denken. Tiere reagieren meistens viel schneller auf eine Behandlung, deshalb sind die Behandlungen kürzer als bei Menschen. Die Anwendung ist die gleiche wie bei Menschen, Sie fühlen wo an der Wirbelsäule zu beginnen und wie lange die ganze Behandlung sein soll.

Nachdem die Tiere einige Behandlungen hatten, machen sie sich oft auf die eine oder andere Art bemerkbar, wenn sie erneut eine Behandlung möchten. Die Tiere haben die Tendenz aufzustehen oder wegzugehen, wenn sie genug von der Behandlung haben.

Wie bei Menschen, ist es wichtig, zuerst die Erlaubnis zur Behandlung einzuholen. Tiere sind normalerweise zur telepathischen Kommunikation empfänglich. Sie können sich auf das Tier konzentrieren und in Gedanken Ihre Frage stellen und dann ruhig auf eine Antwort warten. Normalerweise hören Sie keine Antwort aber Sie wissen intuitiv was die Antwort ist. Sie können sich aufs Offensichtliche konzentrieren - setzt oder legt sich das Tier hin oder bewegt es sich weg von Ihnen.

Da es möglich ist bei gewissen grösseren Tieren, wie Pferde oder andere grossen Tiere verletzt zu werden, empfehle ich, dass Sie vor der Ausübung von Metamorphose Erfahrung sammeln mit grossen Tieren zu arbeiten

Arbeit an Pflanzen

Sie können an Pflanzen arbeiten, obwohl diese keine Wirbelsäule oder Reflexpunkte der Wirbelsäule besitzen. Halten Sie den Stiel mit der Absicht Metamorphose für so lange auszuüben, wie es sich richtig anfühlt. Ich habe schon erlebt wie eine hängende Pflanze unverzüglich auflebte.

Häufig gestellte Fragen

Den Rest dieses Abschnitts habe ich in Form von Fragen und Antworten verfasst, die auf Fragen basieren, die ich im Laufe der Jahre gehört habe. Ich habe mir alle Fragen, die gestellt wurden, aufmerksam angehört.
Was ich gehört habe, war, dass es schwierig ist, eine andere Perspektive einzunehmen, weil Menschen dazu neigen, durch Überzeugungen und Denkweisen konditioniert zu sein. Aus diesem Grund habe ich mich dafür entschieden, in diesem Buch konkrete Fragen zu beantworten, um die Prinzipien zu verdeutlichen. Ich wiederhole auch Dinge, damit du sehen kannst, wie die Konzepte angewendet werden.

Bitte beachte die Prinzipien in jeder Antwort, anstatt sie als Antworten auf Fragen zu lesen.

Wo soll ich mit der Behandlung beginnen?
Du solltest dich auf jede Person einstellen, um zu sehen, ob du mit den Füßen, den Händen, dem Kopf oder der Wirbelsäule beginnen solltest. Metamorphose ist keine Technik, daher gibt es keine festgelegte Vorgehensweise für eine Behandlung.

Du solltest dich auch darauf einstimmen, wo du am Fuß, an der Hand, am Kopf oder an der Wirbelsäule mit der Arbeit beginnen solltest.

Es ist hilfreich, sich vor Augen zu führen, dass du mit einer Zeitachse von der Empfängnis bis zur Geburt arbeitest, sowie mit der Bewegung des Bewusstseins hin zur Handlung. Manche finden es hilfreich, oben anzufangen, bei der Empfängnis/dem Bewusstsein, und sich dann nach unten zur Geburt/Handlung vorzuarbeiten.

Wir arbeiten auch mit der Vergangenheit und der Gegenwart, wenn wir an den Füßen und Händen arbeiten. Der linke Fuß und die linke Hand stehen für das, womit wir ins Leben gekommen sind. Der rechte Fuß und die rechte Hand stehen für die Gegenwart, also für das, was jetzt gerade ist. Die Logik dahinter ist, dass es hilfreich ist, mit den Spannungsmustern zu arbeiten, die in der Gegenwart aktiv sind. Ich frage normalerweise nach einem Fuß oder einer Hand und beginne mit dem, was mir gegeben wird.

Metamorphose wird immer intuitiv praktiziert. Ich lasse meine Hände und nicht meinen Verstand entscheiden, wo ich mit der Behandlung beginne und wo ich sie beende.

Sollte ich bei jeder Behandlung an Füßen, Händen, Kopf und Wirbelsäule arbeiten?
Nicht unbedingt. Stelle dich auf die Behandlung ein, um zu sehen, was sich bei der jeweiligen Behandlung als angemessen anfühlt. Wenn du ohne Einstimmung arbeitest, dann arbeitest du nach einer Technik, die nicht

so effektiv ist. Du musst spüren, was mit der Person vor sich geht, um zu wissen, wo und wie lange du arbeiten musst. Für manche Menschen ist das ganz natürlich, andere müssen dafür etwas Geduld und Übung aufbringen.

Wie lange sollte ich an jedem Fuß oder jeder Hand sowie am Kopf oder der Wirbelsäule arbeiten?
So lange, wie es sich richtig anfühlt. Es ist wichtig, dass du nicht die Zeit misst, die du an jedem Fuß oder jeder Hand und am Kopf oder der Wirbelsäule arbeitest. Wenn du die Behandlungszeit misst, kannst du nicht intuitiv arbeiten.

Ein Fuß oder eine Hand kann mehr Aufmerksamkeit benötigen als der andere, was nur durch Einstimmung festgestellt werden kann. Es ist typisch, dass sich der rechte Fuß oder die rechte Hand anders anfühlt als der linke, da der linke Fuß oder die linke Hand die Vergangenheit repräsentiert und der rechte Fuß oder die rechte Hand die Gegenwart.

Eine Behandlung dauert idealerweise so lange, wie sie benötigt wird. Die meisten Menschen bevorzugen eine einstündige Behandlung. Ich setze mir das Ziel, die Behandlung in einer Stunde zu entfalten und dann intuitiv zu arbeiten.

Wie lange sollte ich auf jedem Reflexpunkt verweilen?
Hierzu gibt es unterschiedliche Ansichten. Einige empfehlen, dass du nicht länger als nötig auf einem Reflexpunkt verweilst und auch nicht zu lange auf ihnen verweilst. Die Idee dahinter ist, das Thema einfach einzuführen, damit die andere Person ohne deine Hilfe reagieren kann. Wenn du länger auf einem Reflexpunkt verweilst, wird dies als Hilfestellung angesehen.

Andere wiederum verbringen mehr Zeit auf den Reflexpunkten, die dies zu benötigen scheinen. Bei der Ausübung dieser Arbeit habe ich festgestellt, dass es manchmal eine Weile dauert, bis eine Person reagiert.

Ich habe auch festgestellt, dass ich Punkte habe, die bei der Behandlung mehr Aufmerksamkeit zu benötigen scheinen. Ich verweile auf den Reflexpunkten, die dies zu benötigen. Oft verweile ich dort für eine ganze Weile. Ich warte, bis das Gefühl, das ich spüre, nachlässt oder bis ich das Bedürfnis verspüre, meine Finger zu bewegen. Ich komme auch oft zu denselben Punkten zurück, es ist alles wirklich eine Frage der Abstimmung.

Ich habe nicht das Gefühl, dass es für sie reicht, wenn ich an einem Ort bleibe. Ich sehe es so, dass ich einfach bei ihnen bin, während sie das tun, was getan werden muss. Ich sehe mich selbst in einer unterstützenden Rolle, in der ich einen Raum für sie schaffe, der von Liebe und ohne Beurteilung erfüllt ist. Ich sehe mich selbst als einen freundlichen Freund, der mit einer Taschenlampe in den Schrank ihres Unterbewusstseins leuchtet. Ich betrete ihn nie, aber sie wissen, dass sie unterstützt werden.

Ich denke, dass wir durch die Praxis der Metamorphose ganz natürlich dazu in der Lage sind, abstrakter zu arbeiten und Veränderungen ohne fremde Hilfe zu bewirken. Mit der Zeit reguliert sich dies von selbst, wenn wir gemeinsam unseren Stress abbauen. Denkt über diese Ideen nach und seht, was ihr darüber empfindet.

Zu Beginn empfehle ich, dass du länger auf jedem Reflexpunkt verweilst, als du vielleicht denkst. So kannst du ein Gefühl für das Sich-Einstimmen entwickeln und wahrnehmen, wie sich Blockaden anfühlen. Am Anfang musst du vielleicht still in dich gehen, während du an einem Reflexpunkt arbeitest, und beobachten, was du fühlst oder wahrnimmst, ohne es zu analysieren. Wenn du anfängst, intuitiv zu arbeiten, wird das Einstellen zur zweiten Natur, und du musst nicht mehr so bewusst darauf achten.

Mit der Zeit weiß jeder, wo er mit einer Behandlung beginnen und enden sollte und wie lange er auf einem Reflexpunkt verweilen sollte. Es ist eine Frage des Ausprobierens und der eigenen Erfahrung. Niemand kann dir beibringen, wie du dich einstimmen kannst. Du musst dir die Zeit nehmen, um diese Fähigkeit in dir selbst zu erkennen. Dies geschieht durch Üben, ohne den Drang, es richtig machen zu müssen.

Am liebsten unterrichte ich Metamorphose, wenn ich sehe, wie die Teilnehmer zum ersten Mal aneinander üben und feststellen, dass es funktioniert, obwohl sie nicht verstehen, was sie tun. Es geht darum, zuzulassen, statt zu tun. Das ist ein wichtiges Konzept.

Sollen meine Finger sich bewegen oder Druck ausüben?
Irgendwann schlug Robert vor, dass Druck hilfreich sein könnte. Einige Leute verwenden eine leichte kreisende Bewegung. Andere wenden eine kleine kreisförmige Bewegung an, während sie entlang der Wirbelsäulenreflexpunkte arbeiten.

Wenn du auf das reagierst, was dir über die Wirbelsäulenreflexpunkte vermittelt wird, wirst du vielleicht feststellen, dass sich deine Berührung und die Stärke des Drucks, den du anwendest, sich während der Behandlung ändern.

Im Allgemeinen fällt es mir leichter, mich auf die Behandlung einzustellen, wenn meine Hand nicht ständig in Bewegung ist. Ich lasse meine Finger, nicht meinen Verstand, entscheiden, ob sie auf oder über dem Bereich arbeiten, sich bewegen oder Druck ausüben, je nachdem, was ihnen während der Behandlung präsentiert wird. Reagiere auf den Reflexpunkt, anstatt zu versuchen, eine Veränderung zu bewirken. Für manche ist das ganz natürlich, für andere braucht es nur ein wenig Zeit und Vertrauen.

Robert behandelte 1989 meine Füße und sagte, ich solle festen Kontakt mit dem Knochen herstellen und nicht diese leichten, wirbelnden Bewegungen machen. 1996 behandelte er meine Füße erneut und hatte eine ganz andere Herangehensweise.

Ich persönlich mag die feste Berührung. Sie fühlt sich für mich angenehm an, während die leichte Berührung zögerlich oder kitzelig sein kann.

Denkt daran, dass Metamorphose eigentlich keine Körperarbeit ist; der Körper steht nicht im Mittelpunkt. Die praktische Herangehensweise ist ein Mittel, um die Prinzipien und das Thema von Metamorphose vorzustellen. Wie du einen Reflexpunkt berührst, ist zweitrangig. Aber deine Berührung sollte sich gut anfühlen.

Kann ich während der Behandlung die Hände wechseln?
Ist es wichtig, welche Hand ich verwende?
Ja, du kannst die Hände wechseln. Es ist egal, welche Hand du verwendest.

Soll ich die Person vor Beginn der Behandlung entspannen?
Nein. Die Absicht von Metamorphosis ist es, zugrunde liegende Stressmuster zu behandeln, nicht Entspannung zu erzeugen. Denkt daran, dass wir Menschen so akzeptieren, wie sie sind. Es ist in Ordnung, wenn Anspannung vorhanden ist. Wir achten jedoch darauf, dass sich die Menschen wohlfühlen, da wir keine zusätzlichen Spannungen oder Unbehagen verursachen möchten. Ich stelle bei Bedarf ein Kissen als Stütze unter die Knie bereit und habe zusätzliche Kissen und eine Decke zur Unterstützung oder zum Wohlfühlen zur Hand.

Noch einmal: Dies ist keine Körperarbeit, daher ist Entspannung nicht das Ziel, aber es ist oft der Praktizierende. Einige Paare arbeiten gut als Praktizierende füreinander, andere nicht.

Es ist üblich, dass Menschen, die an ihren Partnern arbeiten, ein falsches Verständnis davon haben, was diese ändern müssen. Es ist also wichtig, dass du deine eigenen Motive aus der Behandlung heraushältst und einfach zulässt, dass sich die Spannung löst. Wir alle verändern uns in dem Tempo, das für uns zu einem bestimmten Zeitpunkt im Leben richtig ist.

Wir verändern uns auch auf die Weise, die für uns zu einem bestimmten Zeitpunkt im Leben richtig ist.

Wenn ich an mir selbst arbeite, muss ich dann eine vollständige Behandlung durchführen?
Eine vollständige Behandlung ist etwas Subjektives, da das, was zu einem bestimmten Zeitpunkt benötigt wird, eine Behandlung ist. Durch das Einstimmen auf den Empfangenden findest du dies heraus. Wir neigen dazu, in Stunden zu denken, was ein auf Gebühren basierendes Denksystem ist.

Du kannst den ganzen Tag an dir arbeiten. Du wirst eine neue Beziehung zu dir selbst aufbauen. Wenn du dich auf diese Weise mit dir selbst beschäftigst, wirst du oft bestimmte Reflexpunkte verspüren, die dich stören. Du wirst im Laufe des Tages lernen, an welchen Stellen du arbeiten musst.

Was ist, wenn ich meine eigenen Füße oder meine Wirbelsäule nicht erreichen kann?
Manchmal ist es schwierig, die eigenen Füße zu erreichen. In diesem Fall kannst du einen Gegenstand, wie z. B. den weichen Radiergummi am Ende eines Bleistifts, als Verlängerung deiner Hand verwenden. Wenn du die abstrakte Natur der Absicht schätzt, kannst du an deiner Hand arbeiten und dir sagen, dass es dein Fuß ist.

Die meisten Menschen können auch ihre Wirbelsäule nicht vollständig erreichen. Du kannst ein Hilfsmittel verwenden, um die Bereiche zu erreichen, die du nicht erreichen kannst. Ich verwende etwas, das ich gefunden habe und das Bonger genannt wird. Dabei handelt es sich um einen Gummiball an einem

flexiblem Metallstreifen mit einem bequemen Holzgriff. Ich lehne mich in den Bonger, während ich mich gegen die Rückenlehne des Sofas lehne, und benutze den Griff, um ihn nach Bedarf zu bewegen. Das Sofa ermöglicht es, den Tastsinn zu nutzen, ohne dabei zu viel Druck auszuüben.

Für diejenigen, die die abstrakte Natur der Absicht schätzen, kannst du an der Vorderseite deines Körpers mit der Absicht arbeiten, direkt an der Wirbelsäule zu arbeiten. Du kannst dies auch in deinem Geist tun, indem du dir eine Behandlung an den Füßen, Händen, am Kopf oder an der Wirbelsäule vorstellst.

Kann ich auch aus der Ferne an jemandem arbeiten?
Es ist vorzuziehen, eine Behandlung persönlich zu erhalten. Wenn dies nicht möglich ist, ist eine Fernbehandlung eine praktische Option. Da wir mit Absicht arbeiten, kannst du an deinem eigenen Fuß arbeiten und sagen, dass es der Fuß einer anderen Person ist. Ich finde das ein wenig schwierig, da ich dazu neige, mit der Arbeit an mir selbst zu beginnen. Robert hat ein Gipsmodell von seinem eigenen Fuß anfertigen lassen. Ich habe einen ausgestopften Bären mit einem langen Körper gefunden, weil er als Fußstütze gedacht ist. Ich verwende ihn als Modell für den Kopf und die Wirbelsäule. Du kannst auch in Gedanken an jemandem arbeiten und dir die Behandlung vorstellen.

Du kannst auch ein Handsymbol verwenden, um aus der Ferne zu arbeiten, und dabei die Hand(flächen) verwenden, die sich für diese Person und diesen Zeitpunkt richtig anfühlen.

Arbeite auf die gleiche Weise, wie du es bei einer Person tun würdest, stelle dich auf die Person ein, mit der du arbeitest, um zu wissen, wo und wie lange du arbeiten musst. Oder wenn es ein Handsymbol ist, welche und wie lange.

Wie immer ist es wichtig, auf die eine oder andere Weise die Erlaubnis einzuholen. Es ist verlockend, deinen Freunden oder Verwandten zu helfen, indem du heimlich Behandlungen durchführst, aber das ist nicht angebracht.

Zum einen entscheidest du, was für sie am besten ist. Wenn eine Person sich nicht ändern möchte, wird sie das auch nicht tun. Wenn du heimlich eine Behandlung durchführst, kann es sein, dass sie darauf reagiert und nicht weiß, was vor sich geht.

Eine Behandlung heimlich durchzuführen ist auch eine Form der Bevormundung. Es steht uns nicht zu, zu entscheiden, dass jemand anders sich ändern muss. Selbst wenn es gut gemeint ist.

Die beste Lösung für Probleme mit anderen ist immer, an sich selbst zu arbeiten. Wenn sich deine eigene Anspannung löst, wirst du vielleicht feststellen, dass du mit der störenden Person besser zurechtkommst, weil du nicht mehr auf sie reagierst. Infolgedessen ist sie vielleicht sogar empfänglicher für eine Behandlung.

Es ist schön zu wissen, dass du, während du an dir selbst arbeitest, indirekt auch an denen arbeitest, die mit dir verwandt sind und die gleichen Verhaltensmuster haben. Wenn wir uns ändern, ändert sich auch die negative Dynamik von Afferenz und Efferenz auf dem Planeten. Andere, einschließlich Verwandter, können sich aufgrund deiner Arbeit an dir selbst ebenfalls ändern.

Kann ich bei einer Fernbehandlung mehrere Personen gleichzeitig behandeln?

Wenn du aus der Ferne arbeitest, stellst du dich immer noch auf die Person ein, um zu wissen, wo und wie lange du arbeiten musst. Es ist nicht möglich, sich gleichzeitig auf mehr als eine Person einzustellen.

Mische ich mich in die Lebenslektionen oder das Karma einer Person ein?

Die Vorstellung, dass wir Lektionen im Leben zu lernen haben oder Karma erfüllen müssen, sind Perspektiven oder Erklärungen für die Probleme und

Herausforderungen im Leben. Die Metamorphose-Perspektive ist, dass die Spannung zwischen Afferenz und Efferenz das Dilemma der Menschheit geschaffen hat. Wir sind der negativen Beziehung von Afferenz und Efferenz unterworfen, anstatt Lektionen zu lernen.

Ich denke, es ist hilfreich zu erkennen, dass die Person, die die Behandlung erhält, innerlich Veränderungen durchläuft. Veränderungen werden nicht aufgezwungen, sondern sind eine natürliche Folge eines besseren Gleichgewichts zwischen Afferenz und Efferenz. Wenn wir hier sind, um Lektionen zu lernen, dann wird uns Metamorphosis meiner Meinung nach helfen, das nötige Bewusstsein dafür zu entwickeln. Lektionen müssen nicht immer schwer sein.

Ich weiß aus eigener Erfahrung, dass ich oft einen Einblick in meine eigenen Probleme bekomme, wenn sich die Spannungen lösen. Diese Erkenntnis kommt zu mir, ich suche nicht danach. Es geht darum, zuzulassen, was geschieht, anstatt etwas zu tun.

Ich finde es interessant zu sehen, wie unsere Glaubenssysteme unsere Realität formen. Nimm dir die Zeit, deine eigenen Überzeugungen zu erkennen und zu sehen, wie sie deine Ziele, deine Identität und deine Realität definieren. Es scheint unmöglich zu sein, ohne eine Perspektive auf die Realität zu leben, aber es ist interessant, unterschiedliche Sichtweisen zu erleben und deine Möglichkeiten für eine bessere Realität zu erweitern.

Wie kommt es, dass manche Behandlungen so „kraftvoll" erscheinen und andere nicht?
Manchmal empfinden Menschen eine Behandlung als sehr kraftvoll oder als sehr eindrucksvoll. Obwohl dies aufregend ist, weil man spürt, dass etwas passiert, bedeutet dies nicht unbedingt, dass die Behandlung wirksamer war als eine Behandlung, die nicht so eindrucksvoll war.

Manchmal ist das Gefühl darauf zurückzuführen, dass der Therapeut oberflächlich an die Arbeit herangeht, z. B. indem er Symptome behandelt. Es ist leicht, in den Modus zu verfallen, Symptome lindern zu wollen, aber auf diese Weise wirst du keine grundlegende oder dauerhafte Veränderung erreichen.

Robert pflegte zu sagen, dass, wenn du den Nagel auf den Kopf triffst, ein Loslassen so subtil geschieht, dass du nicht einmal merkst, dass du dich verändert hast, bis du die Gelegenheit hast, dich daran zu erinnern, wie du früher warst.

Was können die Menschen nach einer Behandlung erwarten?
Manche Menschen schlafen während und nach der Behandlung ein. Andere fühlen sich energiegeladen und weniger müde oder gestresst. Wieder andere spüren gar nichts. Manchmal können Symptome für einige Tage ungewöhnlich stark auftreten, wenn Muster aufgelöst werden. Manche Menschen fühlen sich emotional oder unausgeglichen. Im Allgemeinen ist es hilfreich, in diesen Zeiten keine Symptome zu behandeln, da dies die Metamorphose-Behandlung beeinträchtigen kann.

Ich zeige den Menschen oft, wie sie selbst an ihren Händen arbeiten können, und/oder zeige ihnen die Handsymbole. Wenn sie nach einer Behandlung Schwierigkeiten haben, können sie selbst etwas dagegen tun.

Es ist hilfreich, die Menschen wissen zu lassen, dass sie sich in der folgenden Woche möglicherweise müde oder emotional fühlen. Ich möchte deutlich machen, dass diese Dinge passieren können, damit die Person nicht denkt, dass die Behandlung wirkungslos war, oder unbewusst eine Reaktion aus Erwartung heraus erzeugt.

Manchmal hat man das Gefühl, dass während der Behandlung nichts passiert ist. Wie ich in der vorherigen Antwort bereits erwähnt habe, ist dies normal und genau so funktioniert die Metamorphose, sie ist oft subtil.

Warum reagieren manche Menschen so stark auf eine Behandlung?
Dafür gibt es keine eindeutige Erklärung. Es könnte sein, dass Menschen ihre Muster auf ähnliche Weise angehen, wie sie auch ihr Leben angehen. Manche Menschen sind subtil, andere eher dramatisch. Dies könnte auch ein Hinweis darauf sein, dass sie zu oft behandelt werden oder dass der Therapeut symptomatisch arbeitet.

Manche Menschen halten ihre Emotionen zurück und lassen sie nicht zu, sodass sie sich vielleicht durch unterdrückte Emotionen befreien. Man muss das nicht wirklich analysieren, wir sind alle unterschiedlich zu den verschiedenen Zeitpunkten in unserem Leben. Manchmal ist das Leben herausfordernder und die Behandlungen können sich stärker anfühlen. Es ist am besten, die Behandlungen nicht zu analysieren und kein bestimmtes Ergebnis zu erwarten, auch nicht, wie du jedes Mal auf die Behandlung reagierst.

Gibt es Fallstudien zur Metamorphose?
Robert war gegen Fallstudien, weil es einfach notwendig ist, jemanden zu etikettieren, um eine Studie durchzuführen. Wenn du jemanden etikettierst, ist es für ihn schwieriger, die Spannung loszulassen, weil er sich damit identifiziert hat. Das bedeutet, dass er sie gewissermaßen besitzt und daran festhält. Dies führt auch dazu, dass man symptomatisch arbeitet, weil der Therapeut Ergebnisse erzielen möchte. Wenn man symptomatisch arbeitet, verschwinden die Symptome oft, aber sie kehren in der Regel zurück oder es entwickeln sich neue.

Denkt daran, dass Metamorphose aus der Beobachtung heraus entstanden ist, dass sich im Großen und Ganzen des Lebens nichts wirklich verändert hat. Die Behandlung von Symptomen hat keinen wirklichen Nutzen gebracht. Wir heilen eine Krankheit und schaffen eine neue. Wir beenden einen Krieg und beginnen einen neuen. Wenn tiefere Spannungen nachlassen, hören wir auf, Krankheiten, Konflikte und Kriege zu schaffen. Dies ist ein grundlegendes Thema in Metamorphose.

Erfahrungsberichte sind eine Möglichkeit, die vielfältigen Vorteile der Metamorphose-Methode zu veranschaulichen. Es handelt sich um unangeforderte Beobachtungen. Wenn du jemanden bittest, seine Fortschritte zu beobachten, beginnt er, sich auf seine Muster zu konzentrieren.

Wenn ich mir nicht sicher bin, ob ich die Arbeit richtig verstehe, wirkt sich das auf meine Behandlungen aus?
Ja und nein. Im Leben gibt es die Tendenz, immer Recht haben und alles richtig machen zu wollen. Das Schöne an der Metamorphose ist, dass es nicht den einen richtigen Weg gibt. Der Schlüssel liegt darin, deine eigene Efferenz zu verstehen und die Absicht und das Imagemuster richtig einzusetzen.

Manche Menschen neigen dazu, in die intellektuelle Falle zu tappen und zu glauben, sie hätten das richtige Verständnis von Metamorphose. Dadurch verfestigen sie ihre Sichtweise und machen aus dem Thema einen Glauben. Infolgedessen kann die Arbeit dogmatisch werden.

Andere zögern, weil sie befürchten, dass sie Metamorphose nicht richtig verstehen. In der Regel stürzen sich die eher efferent orientierten Menschen in die Praxis und bezeichnen sich nach einem Wochenendkurs als Praktizierende. Die eher afferent orientierten Menschen haben oft das Gefühl, dass sie noch nicht bereit sind.

Es ist wichtig, ein gewisses Verständnis dafür zu haben, womit man arbeitet, vor allem, weil die Menschen Fragen haben werden, die beantwortet werden müssen. Es ist auch wichtig, sich sicher zu fühlen, wenn man mit anderen arbeitet.

Ich empfehle immer, die Arbeit eine Weile, mindestens ein Jahr, bei sich selbst und zu Hause anzuwenden, damit man ein persönliches Verständnis dafür entwickelt, was die Arbeit bewirken kann.

Robert pflegte zu sagen, dass es sich nicht mehr um Metamorphose handelt, wenn du Aspekte der Arbeit oder den Ansatz der Arbeit nur oberflächlich anwendest.

Manche Leute sagen, das ist meine Metamorphose und das ist deine Metamorphose. Metamorphose ist ein Thema, das bestimmte Ideen umfasst. Es gibt nur eine Metamorphose, und du bewahrst ihre Integrität, wenn du das gesamte Thema verkörperst.

Efferenz neigt dazu, unnötige Strukturen hinzuzufügen und sich vom Wesentlichen zu entfernen. Afferenz neigt dazu, sich in einer mentalen Perspektive der Metamorphose zu verfangen und über das Thema nachzudenken, es mehr in Gedanken zu leben. Dies führt zu einem intellektuellen Ansatz bei der Arbeit. Glücklicherweise lösen sich diese Dinge in der Regel von selbst, wenn die Spannung nachlässt und die Person nicht zu sehr an ihrer Perspektive oder Orientierung festhält.

Was ich an Metamorphose so spannend finde, ist, dass es dich dazu einlädt und ermutigt, die Antworten selbst zu finden. Robert St. John hat uns eine wunderbare Struktur für unsere Arbeit und eine interessante Perspektive auf das Leben, die Schöpfung und die Heilung gegeben. Ich möchte euch dazu ermutigen, euch selbst genug zu vertrauen, um die Antworten zu finden, und es zuzulassen, dass sich eure Perspektive ändert.

Wenn sich die Spannung löst, verändern sich deine Muster und damit auch dein Grad an Afferenz und Efferenz. Es ist ganz natürlich, dass sich dein Verständnis ein wenig verschiebt. Im Laufe dieses Prozesses wirst du eine bessere Perspektive auf die Dynamik von Afferenz und Efferenz gewinnen und erkennen, wie sich ihre Beziehung auf alle Aspekte des Lebens auswirkt.

Es ist hilfreich, wenn ich eingangs erwähne, dass ich mich durch bestimmte Ideen der Metamorphose herausgefordert fühlte. Aber ich respektierte die Weisheit dieses Werks und blieb immer offen dafür, das zu finden, was ich zu diesem Zeitpunkt nicht sah. Ich nahm mir die Zeit, die Prinzipien des Werks zu beobachten, und war immer wieder erstaunt über die Tiefe der Weisheit. Da ich offen blieb, begann das Werk, zu mir zu sprechen. Ich habe nie gesagt, dass ich nicht einverstanden bin ... und ich bin froh, dass ich mir nicht selbst im Weg stand.

Ich möchte die Leute daran erinnern, dass man etwas nicht ablehnen kann, wenn man es nicht ausprobiert hat.

Darf ich während der Behandlung Lotion, Öl oder Puder verwenden?
Es ist nicht wirklich notwendig, irgendwelche Produkte zu verwenden. Du kannst Puder verwenden, wenn jemand schwitzt.

Ich finde, es ist hilfreich, sich zu fragen, was der Grund für die Verwendung von Produkten ist. Vor vielen Jahren verwendete Robert ein Heilpulver mit Metamorphose. Anfangs dachte er, dieses Produkt würde mit Metamorphose übereinstimmen. Später sagte Robert, dass die Lebenskraft oder die angeborene Intelligenz keine Unterstützung benötige. Er erkannte, dass die Verwendung von etwas außerhalb des Selbst im Widerspruch zu den Prinzipien der Arbeit stand, und er empfahl nicht mehr die Verwendung von Heilprodukten mit Metamorphose.

Ich weiß, dass die Menschen die ätherischen Öle lieben, aber sie sind nicht mit einer Metamorphose-Behandlung vereinbar. Ich habe einen Brief, den er mir zu diesem Thema geschrieben hat, wörtlich auf Seite 107 wiedergegeben.

Ist Metamorphose kompatibel zu anderen Methoden?
Metamorphose kann kompatibel zu einigen Ansätzen sein. Das hängt manchmal auch von der Orientierung des individuellen Praktizierenden ab. Es ist besser, nach einem afferenten Praktizierenden Ausschau zu halten.

Die Efferent-Orientierten mögen einer Technik folgen und tendieren dazu, Behandlungen eine Richtung zu geben. Sie vertrauen auf Forschung und Beweise anstelle von Intuition. Die Afferent-Orientierten arbeiten eher intuitiv, erlauben der inneren Intelligenz des Empfangenden die Leitung in der Behandlung zu übernehmen. Sie vertrauen ihrer inneren Führung genauso wie der deinen.

Behalte im Hinterkopf, das Efferenz nur einen Blickwinkel sehen kann. Richtig, falsch, gut und schlecht sind efferente Konzepte basierend auf der Tatsache, dass - wenn sie etwas nicht einsehen kann – es falsch sein muss. Nur ihre Sichtweise ist die richtige.

Es geht nicht darum, ob es richtig oder falsch ist, es geht um das Verständnis, dass Metamorphose anders ist. Ich fand dieses Thema anfangs schwer verständlich und bat Robert, es für mich zu klären. Er sagte, das Vermischen schafft Chaos, und nach meinem eigenen Erforschen kam ich dazu, ihm zuzustimmen. Ich dachte mir, ich teile seine Erklärung mit dir:

>
> Man sollte Metamorphose nicht mit irgendeiner anderen Behandlungsmethode vermischen; das ist eine grundlegende Regel. Aber der primäre Grund dafür ist, das Metamorphose die eigene Selbstheilungsfähigkeit des Einzelnen aktiviert (viele Denkschulen stellen diese Behauptung auf) und die meisten anderen Behandlungsansätze vollziehen die Heilung stellvertretend für den Klienten. Schaut man sich Osteopathie/ Chiropraktik an, stellt man fest, dass es die Haltung

des Einzelnen ist, die die Spannungen erzeugt, die zu Knochenläsionen führen, und der Osteopath stellt es richtig. Es hat jedoch nicht die Geisteshaltung des Einzelnen verändert. Aber es gibt einige Methoden, die vernünftigerweise kompatibel mit Metamorphose sind: Tai Chi, QiGong, Akupunktur, Akupressur und Reflexologie. Spirituelles Heilen ist nicht kompatibel, da es der Heiler ist, der es bewirkt. Aromatherapie und Blütenessenzen / Notfallmittel sind definitiv nicht kompatibel, weil diese eine starke Einflussnahme (vgl. „Influencer") für Körper und Geist darstellen. Homöpathie kann als kompatibel eingestuft werden, wenn es in hohen Potenzen angewandt wird und nicht im Sinne einer Symptomheilung.

Ein weiterer Grund für die Verwendung von alternativen Methoden parallel zur Metamorphose wären die Umstände einer wirklich drastischen „Heilungskrise", wo die Reaktion entweder gefährlich oder unaushaltbar wäre. In den Fällen müssten alternative Methoden angewandt werden, aber seltsamerweise sollten sie so „konventionell / orthodox" wie möglich sein, da diese Methoden dazu tendieren zu unterdrücken anstatt eine „Geisteshaltung" im Einzelnen zu erzeugen. Ein Beispiel dafür wäre die Verwendung eines Schmerzmittels für eine bestimmte Zeit.

Du erwähnst das „Ausbalancieren des Körpers": Dies können ein Chakren-Ausgleich, Kristallheilungen oder viele andere Modalitäten sein. Es handelt sich um ein „Es für sie tun" und ist nicht kompatibel."
-Robert St. John

"

Ich habe einige kompatible Ansätze gefunden, die man seiner Liste hinzufügen kann: T.R.E (Trauma Release Übungen), Self Breema Übungen, Feldenkrais, The Miracle Balls von Elaine Petrone, Yoga, Atemübungen, Intuitive Reflexologie und Intuitive Massage. Was all diese Wege gemeinsam haben, ist, dass sie dem Körper erlauben zu antworten und es für sich selbst zu tun, anstatt etwas auferlegt zu bekommen.

Ich schaue nach sanften, mehr afferenten Ansätzen, die die Einladung aussprechen, zu antworten anstatt Druck auszuüben, zu analysieren oder nach Symptomen zu suchen. Behalte im Hinterkopf, dass du niemals etwas in eine Metamorphoseanwendung mischen solltest.

Dies bezieht sich wirklich auf alle Methoden. Afferenz ist Absicht und Efferenz ist Struktur und Antwort. Sie arbeiten auf diese Art zusammen. So auch in Bezug auf jeden Wellness-Ansatz, es gibt eine inhärente Absicht und eine Struktur, die dir erlaubt, diese zu kommunizieren.

Es ist besser, den Prozess einer Methode sich vervollständigen zu lassen als ihn zu unterbrechen durch die Anwendung einer anderen Methode. In der Metamorphose braucht eine Anwendung in etwa eine Woche, um sich vollständig zu entfalten.

Ich verwende Metamorphose fast täglich an mir selbst. Wenn ich etwas anderes benötige verwende ich immer einen afferenten Ansatz, einen der eine einladende und erlaubende Art hat. Meine Absicht ist es immer, Spannung zu lösen sowie Heilung und Gleichgewicht entstehen zu lassen. Das unterscheidet sich deutlich davon, darauf abzuzielen oder zu versuchen zu heilen, was symptomatisch ist.

Metamorphose im täglichen Leben
Metamorphose ist eigentlich keine Lebensweise. Aber ich habe festgestellt, dass man die Tiefe dieser Arbeit am besten versteht, wenn man sie in seinem täglichen Leben anwendet. Diese Prinzipien beantworten alle Fragen, die du hast, und wenn du sie auf diese Weise anwendest, entsteht ein sanfter und einfacher Ansatz für das Leben.

Metamorphose ist viel mehr als eine Methode. Wenn du dich mit Metamorphose beschäftigst, gewinnen deine Beziehungen, die vergangenen und die gegenwärtigen, eine tiefere Perspektive. Die Prinzipien wirken zusammen, um dir zu helfen, die Probleme und Herausforderungen, die wir individuell und kollektiv erleben, zu bewältigen und zu verstehen.

Als ich Metamorphosis zum ersten Mal kennenlernte, schien es mir ein riesiges Gebilde abstrakter Konzepte zu sein, und ich fühlte mich unsicher. Ich hatte das Gefühl, dass ich die Prinzipien in meinem täglichen Leben verankern musste, damit sie mir besser helfen konnten. Wenn ich Metamorphose auf diese Weise betrachte, fällt es mir leichter, die Arbeit zu vermitteln, weil sie dadurch verständlicher und zugänglicher wird. Ich habe festgestellt, dass sich mir die Essenz der Arbeit immer wieder offenbart, wenn ich diese Prinzipien im Alltag anwende. Wenn du die Prinzipien im Alltag anwendest, werden sie zu einem Teil von dir. So verkörperst du die Essenz der Arbeit und bringst das Thema in deine Behandlungen ein.

Robert pflegte zu sagen: „Du kannst einen Menschen nicht weiterbringen, als du selbst gegangen bist." Wir leiten zwar keine Behandlung, aber wir bringen das Thema mit. Je besser wir das Thema kennen, desto besser können wir es während einer Behandlung vermitteln. Wenn diese Prinzipien ein Teil von dir werden, wirst du auch in der Lage sein, anderen die Arbeit zu erklären.

Überlege, wie diese Prinzipien im täglichen Leben sinnvoll sind: Motive, Identifikation, Blockaden und Muster, Einstimmung, Absicht, Afferenz und Efferenz, das Imagemuster, die Verwendung von Strukturen, die Praxis der Metamorphose und das Thema der Schöpfung.

Ich betrachte die Motive, die in mir und anderen vorgehen. Wenn ich weiß, dass jemand eigennützig ist, verbringe ich keine Zeit mit ihm. Wenn ich erkenne, dass jemand schwierige Muster hat, aber gute Motive, übersehe ich diese Muster. Wenn mich diese Muster stören, arbeite ich an mir selbst. Ich bemerke, wenn sich Menschen über- oder unteridentifizieren, wenn sie ihre Muster, Krankheiten usw. nicht akzeptieren. Ich erkenne, dass es nicht hilfreich ist, Menschen oder Zustände zu etikettieren, da dies zu Einschränkungen führt.

Indem ich mich täglich auf die Muster um mich herum einstelle, habe ich meine Intuition und mein Bewusstsein enorm verbessert. Ich habe festgestellt, dass ich durch die Einstellung auf die Muster in meinem täglichen Leben das Gesamtbild besser verstehe. Dadurch kann ich meine Grenzen überwinden, anstatt nur zu reagieren. Das Gesamtbild bietet immer eine andere Perspektive und lässt alles weniger persönlich erscheinen.

Die Erkenntnis, dass ich selbst auch zwanghaften Verhaltensmustern unterliege, hat mir geholfen, mehr Mitgefühl für die Verhaltensmuster anderer Menschen zu entwickeln. Die unbewusste und zwanghafte Natur von Verhaltensmustern führt zu viel Drama und Chaos im Leben. In solchen Zeiten ist es hilfreich, sich daran zu erinnern, dass Menschen nicht immer wissen, was sie tun, und/oder dass sie nicht immer dagegen ankämpfen können.

Das Thema Afferenz und Efferenz hilft meiner Ehe ungemein. Die Erkenntnis, dass Muster unbewusst und zwanghaft sind, hat meinem Mann und mir in schwierigen Zeiten geholfen. Wir scherzen oft, dass wir ohne Metamorphosis nicht verheiratet wären.

Ich betrachte das schwierige Zuhause, in dem ich aufgewachsen bin, und meine Verwandten aus der Dynamik von Afferenz und Efferenz. Es hilft zu wissen, dass Muster unbewusst und zwanghaft sind. Ich fand es einfacher, die Vergangenheit loszulassen, als ich erkannte, dass sie nicht so persönlich war, wie sie sich anfühlte. Früher hatte ich das Gefühl, dass meine

Vergangenheit mich immer noch beeinflusst, aber jetzt ist sie viel weiter weg und hat keinen Einfluss mehr auf mich. Das ist eine befreiende Erfahrung.

Ich habe auch festgestellt, dass mir die Beschäftigung mit den kollektiven Mustern dabei hilft, zu verstehen, warum es im Leben so viel Grausamkeit gibt. Je weiter die Efferenz von der Afferenz entfernt ist, desto entsetzlicher sind die Taten: Massentierhaltung, Monsanto, Krieg usw. Ich bin immer dankbar dafür, dass ich, wenn ich an mir selbst arbeite, auch einen Beitrag zum Gesamtbild leiste.

Das Thema des Imagemusters hat mir geholfen, die Natur von Spiritualität und Heilung genauer zu betrachten. Die Erkenntnis, dass der Wirkungskreis der Absicht den Rahmen des Ergebnisses bestimmt, hat meine Sichtweise auf die Heilkünste verändert. Ich kann die Grenzen und den Nutzen von Strukturen in den Heilkünsten erkennen. Das hat mir geholfen, bei der Wahl meiner Arbeit kritischer zu sein.

Ich denke, Spiritualität ist das, was wir in unserem täglichen Leben sind. Verantwortung für die eigenen Muster zu übernehmen und anderen dabei zu helfen, sich aus ihren negativen Mustern zu befreien, ist meiner Meinung nach die höchste Form der Spiritualität. Wenn wir alle Verantwortung übernehmen und uns aus unseren Mustern befreien, werden wir gemeinsam eine liebevollere und friedlichere Existenz schaffen.

Das Wissen, dass ich durch die Anwendung von Metamorphose dazu beitrage, den Planeten zu retten, das Bewusstsein für Tiere und die Umwelt zu schärfen und bedingungslose Liebe zu fördern, gibt meinem Leben einen tieferen Sinn. Das ist es, was mich dazu inspiriert, Metamorphose anzuwenden und zu lehren.

Die Ausübung der Arbeit ermöglicht es mir, die Prinzipien in die Tat umzusetzen. Ich verwende das Schöpfungs-Handsymbol, um mich durch die Herausforderungen zu bewegen, denen ich im Leben gegenüberstehe. Ich verwende die Handsymbole und praktiziere den praktischen Ansatz im Laufe des Tages nach Bedarf. Mein Mann und ich praktizieren

Metamorphose als unseren primären Ansatz, um mit Konflikten oder Problemen umzugehen, Verletzungen zu heilen, eine bessere Gesundheit zu schaffen, die Intuition zu stärken und das zu manifestieren, was wir uns im Leben wünschen.

Ich sehe einen gemeinsamen Nenner zwischen dem Vertrauen in die angeborene Intelligenz während einer Behandlung und im Alltag. Ich kann das Leben erschaffen, das ich mir wünsche, wenn ich mich auf mein höheres Selbst oder eine höhere Führung einstelle und ihnen vertraue. Wenn ich versuche, mein Leben nach meinen Vorstellungen zu gestalten, läuft es nicht so gut. Dies ist das Zulassen im Gegensatz zum Machen. Es ist Schöpfung, wenn wir in der Lage sind, das Leben ohne Anstrengung zu erschaffen! Das ist das ultimative Ziel der Prinzipien und Praktiken der Metamorphose.

Die Prinzipien und Praktiken der Metamorphose sind Konstanten in meinem Leben. Ich finde, dass die Metamorphose das Leben vereinfacht. Sie bietet so viel, ohne viel Struktur oder Aufwand. Ich bin immer wieder aufs Neue inspiriert von dem unendlichen Potenzial dessen, was wir erreichen können, wenn wir die Prinzipien und Praktiken der Metamorphose in unserem täglichen Leben umsetzen!

Warum gibt es unterschiedliche Ansichten über die Lehre und Praxis der Metamorphose?
Dafür gibt es mehrere Gründe. Robert verbrachte sein Leben damit, über das Thema Metamorphose zu schreiben, damit zu arbeiten und es zu verfeinern. Er betrachtete seine Schriften als Mittel, um den Fortschritt des Denkens zu erkennen, und nicht als eine Sammlung von Informationen. Sein Schwerpunkt lag auf der Weiterentwicklung der Arbeit, und er ging nicht zurück, um seine Bücher zu überarbeiten. Das bedeutete, dass man häufig mit ihm in Kontakt treten musste, um seine neuesten Erkenntnisse zu erfahren.

Robert schrieb in seinem Buch „Metamorphosis, a Textbook on Prenatal Therapy" über das vorgeburtliche Muster und in seinen Einführungsartikeln über Afferenz und Efferenz. Menschen, die mit Metamorphosis arbeiten, haben unterschiedliche Perspektiven, je nachdem, wann sie mit der Arbeit in Berührung gekommen sind, mit wem sie studiert haben und welche Bücher sie gelesen haben.

Die afferente oder efferente Ausrichtung einer Person beeinflusst auch die Herangehensweise an die Arbeit. Die extrem afferente Person intellektualisiert die Arbeit, während die efferente Person sie in eine Technik umwandelt.

Roberts frühe Arbeit „Pränatale Therapie" entwickelte sich zu „Metamorphose", als er anfing, Afferenz und Efferenz sowie das Imagemuster in seine Perspektive einzubeziehen. Er hat nie etwas geschrieben, das seine Gedanken zusammenfasste, sodass es eine Reihe von Interpretationen gibt.

Mein Ansatz war immer, Menschen dazu zu ermutigen, sich im Alltag mit Metamorphose zu beschäftigen, damit sie zum Kern der Arbeit werden. Ich verwende eine eher alltägliche Sprache, um das Thema zu vermitteln, und hoffe, dass ich so mehr Menschen dazu inspirieren kann, sich mit dieser wunderbaren Arbeit zu beschäftigen.

Ich finde es hilfreich, mich mit dem Kern zu beschäftigen und mich nicht zu sehr in den Fakten der Arbeit zu verlieren. Denkt daran, dass die Fakten lediglich eine Vorlage sind, die euch einen Einstieg in das Thema Metamorphose ermöglicht. Es ist wichtig, sich der Prinzipien und des Themas bewusst zu sein, aber es ist nicht notwendig, sie intellektuell zu erfassen.

Wir sind von Natur aus selbstheilend und können einen gesünderen und positiveren Lebensansatz entwickeln. Du musst dich nur daran erinnern und den Weg frei machen. Hab Spaß dabei. Lass das Verständnis zu dir kommen, anstatt zu versuchen, Metamorphose, das Leben oder Heilung intellektuell zu verstehen. Ich habe festgestellt, dass die Arbeit anfing, zu mir zu sprechen, als ich mich mit dem Thema in meinem täglichen Leben auseinandersetzte. Ich habe das meiste Verständnis durch Beobachtung gewonnen, wobei ich immer Roberts Absicht und das übergeordnete Thema im Hinterkopf behielt. Als ich mich mit dem Thema beschäftigte, begann es lebendig zu werden, und das Verständnis setzte sich zusammen. Mit der Zeit wurde es immer feiner und klarer, und ich genieße die Reise dieser einzigartigen Perspektive weiterhin.

Je weniger du darüber nachdenkst, wie du arbeiten sollst, desto besser. Der praktische Ansatz ist abhängig von deiner Absicht, ohne jegliches Motiv. Wenn du weißt, wo sich die Reflexpunkte der Wirbelsäule befinden, und ein Gefühl für die Prinzipien hast, bist du bereit. Die Arbeit ist wirklich einfach, wenn du nach ihrem Essenz suchst. Viel Spaß dabei!

Behandlungsort

Bei einer Behandlung ist es wichtig zu bedenken, dass sie für beide angenehm ist. Die Metamorphose ist eine praktische Anwendung und ist für den täglichen Gebrauch gedacht. Ein spezielles Heilungsumfeld, während schön, ist im täglichen Leben selten verfügbar und ist nicht nötig.

Ein Sofa ist ein gemütlicher Platz um an den Füssen und Händen zu arbeiten. Die Fachperson sitzt normal auf der Couch und der oder die Empfänger/in sitzt oder liegt bequem mit den Füssen oder Händen imSchoss der Fachperson. Sie können ein kleines Kissen oder Tuch auf Ihren Schoss legen und ein Kissen als Stütze unter die Knie des Empfängers.

Sie können auch beide auf einem Stuhl sitzen. Legen Sie den Stuhl in einem 90-Grad Winkel, das sieht wie eine L-Form aus. Wenn Sie an den Füssen arbeiten können Sie das ausgestreckte Bein des Empfängers auf Ihren Oberschenkeln liegen haben. Auf diese Weise unterstützen Sie das Bein und lassen es nicht einfach hängen.

Sie können ebenfalls an jemandem arbeiten, der sich zurückgelehnt in einem Liegesessel befindet. Die Füsse sind in dieser Stellung erhöht und diese wie auch die Hände sind gut erreichbar. Das Kissen am Lehnsessel erlaubt es Ihnen Ihre Hände einfach unter den Kopf zu legen.

Robert sagte immer, dass er es bevorzuge auf einem Sofa oder Stuhl zu arbeiten. Auf gleicher Augenhöhe zu sitzen gibt einen Sinn von Gleichwertigkeit. Wenn jemand auf einem Massage Tisch liegt, kann das den Eindruck geben von jemandem geheilt zu werden. Die Positionierung ist nicht gleichwertig und kann bewirken, dass die Fachperson als Heiler/in oder Autoritätsperson angesehen wird.

Obwohl ich Robert recht gebe, benütze ich einen Massage Tisch wenn ich an der Wirbelsäule arbeite. Ich finde die Kopfstütze am Massage Tisch sehr angenehm um an Kopf und Wirbelsäule zu arbeiten, da der/die Empfänger/in nicht den Nacken nicht strapazieren muss um den Kopf von einer Seite zur anderen zu drehen. Zudem kann ich so ebenfalls angenehm sitzen. Ich bin überzeugt, dass meine Absicht zur Arbeit auf gleichwertiger Ebene klar ist und bevorzuge persönlich den Komfort eines Massage Tisches.

Falls Sie die Metamorphose für den Hausgebrauch lernen würde ich nicht extra einen Massage Tisch kaufen. Der ist praktisch für Kopf und Wirbelsäule Arbeit, aber nicht notwendig. Wenn Sie an Freunden und Familienmitglieder arbeiten können Sie kreativ sein und ein Bett oder Futon benötigen. Ich habe in Katalogen Körperkissen gesehen. Falls Ihnen sowas zusagt, bin ich sicher Sie finden etwas, das Ihnen zusagt.

Es ist auch möglich am Kopf einer Person zu arbeiten, wenn diese auf einem Stuhl sitzt. Das geht am besten, wenn die Fachperson hinter dem Empfänger steht.

Es ist hilfreich den Kopf der Person zu stützen. Legen Sie eine Hand an die Stirn und lassen Sie das Gewicht des Kopfes in Ihre Hand fallen. Sie können auch an der Wirbelsäule arbeiten wenn der Empfänger umgekehrt auf dem Stuhl sitzt. Die Wirbelsäule ist so offen und leicht für Sie erreichbar. Legen Sie Kissen an die Lehne damit es für den Empfänger angenehm ist so zu sitzen.

Die Arbeit mit anderen

Wenn du dich dafür entscheidest, Metamorphose professionell zu praktizieren, denke bitte daran, dass du in Übereinstimmung mit den Gesetzen in deinem Land arbeiten musst. An manchen Orten ist eine Lizenz für Berührung erforderlich, wie z.B. eine Massage-Zertifizierung oder eine bestimmte Zulassung.

Im Folgenden sind einige Situationen aufgeführt, die du vielleicht in Betracht ziehen solltest. Einige Situationen, wie z. B. eine Schwangerschaft, bringen zusätzliche Vorteile mit sich, während andere Situationen eine Überlegung deinerseits erfordern. Dies soll dich nicht davon abhalten, mit jemandem zu arbeiten. Wenn jemand um eine Behandlung bittet oder sich behandeln lassen möchte, vertraue darauf, dass er weiß, was das Beste für ihn ist. Was ich damit sagen will, ist, dass du dich als Therapeut wohlfühlen musst, um eine einmal begonnene Behandlung weiterzuführen.

- Schwangerschaft / Schwangere Frauen

Die Arbeit mit schwangeren Frauen ist sowohl für die Mutter als auch für das Baby hilfreich.

Die zugrundeliegenden Muster der Mutter werden angesprochen, was ihr helfen wird, ein gesünderes und entspannteres Elternteil zu sein. Auch die Muster des Babys werden angesprochen, so dass das Baby die Entwicklungsphasen mit weniger Spannung und Widerstand durchlaufen kann. Babys, die bereits im Mutterleib behandelt werden, kommen mit weniger Spannungen auf die Welt, was ihr Leben von Anfang an leichter macht.

Metamorphose-Behandlungen während der Schwangerschaft führen häufig auch zu kürzeren und leichteren Wehen. Das liegt zum einen daran, dass die Verspannungen im Beckenbereich der Mutter gelöst wurden, und zum anderen daran, dass das Baby nach den Behandlungen fähiger und bereitwilliger ist, bzw. weniger Widerstand hat, ins Leben zu kommen. Um an der Wirbelsäule einer schwangeren Frau zu arbeiten, muss sie möglicherweise auf der Seite liegen und Kissen zur Unterstützung zwischen ihre Beine und Knie legen. Frage sie, wo sie noch zusätzliche Unterstützung durch ein Kissen oder eine zusammengerollte Decke oder ein Handtuch benötigt.

-Ältere Menschen

Ältere Menschen bereiten sich oft auf ihr Ableben vor. Denke daran, dass nicht du bestimmst, was geschieht, sondern die Person, die behandelt wird.

Wenn die Person sich entscheidet, von uns zu gehen, wird sie dies höchstwahrscheinlich mit weniger Stress und Anspannung tun. Metamorphose-Behandlungen können bei diesem Übergang helfen.

-Kinder

Kinder sind in der Regel nicht so stark psychisch angespannt wie die meisten Erwachsenen. Aus diesem Grund dauern die Behandlungen nicht immer so lange wie bei einem Erwachsenen. Kinder wissen in der Regel, wann die Behandlung beendet ist, und stehen oft auf und gehen weg. Es kann auch vorkommen, dass man ihre Füße auf dem Schoß hat, denn sie wissen in der Regel, wann sie eine weitere Behandlung brauchen.

Es ist hilfreich, mit möglichst vielen bereitwilligen Familienmitgliedern oder Betreuungspersonen zu arbeiten, insbesondere wenn das häusliche Umfeld missbräuchlich oder ungesund ist. Aufgrund der Familiendynamik hegen ein oder mehrere Verwandte oft einen Groll gegen die Person, die sich verändert. Manche Eltern wollen nur, dass man das Problem behebt, und schauen auf diese Art auf das Kind. Die Eltern sind unter Umständen nicht bereit zu bedenken, dass sie selbst Teil der Situation sind.

Kinder haben nicht die Freiheit, sich in eine gesündere Umgebung zu begeben, wenn sich ihre eigenen Muster ändern. Es kann entmutigend sein, einen Blick auf ein besseres Leben zu erhaschen und es nicht erreichen zu können. Andererseits sind sie vielleicht besser in der Lage, mit ihrer Umgebung zurechtzukommen. Wie fühlt sich das Kind bei einer Behandlung? Kinder können lernen, wie sie an sich selbst arbeiten können.

-Menschen in geschlossenen Einrichtungen

Menschen in geschlossenen Einrichtungen befinden sich in einer ähnlichen Situation wie Kinder, da sie nicht immer die Möglichkeit haben, sich in eine gesündere Umgebung zu begeben. Menschen in einer psychiatrischen Klinik sind ein gutes Beispiel. Nach einer Behandlung können sie beginnen, einen Weg aus ihrem inneren Dilemma zu finden, sind aber immer noch der Zwangsmedikation und Gefangenschaft ausgesetzt. Sie bekommen vielleicht eine Ahnung davon, wie sie besser funktionieren können, sind aber nicht in der Lage, sie zu erreichen.

Andererseits kann es dem Einzelnen leichter fallen, mit seiner Umgebung zurechtzukommen und möglicherweise einen Ausweg aus seiner Situation zu finden. Manche Menschen sind vorübergehend eingesperrt, wie z. B. Personen, die eine Haftstrafe verbüßen. Nach ihrer Entlassung fällt es ihnen vielleicht leichter, sich nach einer Behandlung wieder in die Gesellschaft zu integrieren.

-Tiere

Tiere sind in der Regel sehr empfänglich für Metamorphose und scheinen zu wissen, was man ihnen anbietet. Ich habe eine niedliche Geschichte von einer Katze und einem kleinen Hund, die ich eines Tages auf der Veranda von jemandem traf. Da ich eine Vorliebe für Katzen habe, begann ich, mich mit der Katze zu beschäftigen. Der Hund begann, vor meinen Füßen auf und ab zu springen. Telepathisch hörte ich ihn sagen: "Arbeite an mir". Gleichzeitig hörte ich die Katze sagen: "Arbeite an dem Hund". Ich erzählte der Frau, bei der die beiden wohnten, was ich gehört hatte. Sie antwortete, dass "der Hund Krebs hat und die Katze den Hund wirklich mag". An den Reaktionen der beiden Tiere war zu erkennen, dass sie verstanden hatten, dass ich ihnen meine Hand zum Angebot der Metamorphose reichte.

Denke daran, dass nicht alle Tiere die Freiheit haben, zu tun, was sie wollen. Das Bewusstsein, das Tieren gegenüber zum Ausdruck kommt, ist oft unmenschlich. Tiere können sich in einer ähnlichen Situation befinden wie Kinder und Menschen in geschlossenen Einrichtungen.

Sie sollten die Art der Situation des Tieres berücksichtigen. Manche Tiere sind in einem Käfig eingesperrt. Andere Tiere werden gehalten und als Arbeitskräfte eingesetzt oder für einen bestimmten Zweck ausgebildet. Sie unterwerfen sich im Grunde dem Willen ihres Besitzers oder Trainers, oft aus Angst.

Die Metamorphose entkonditioniert den Geist, was bedeutet, dass sie mit der Wiedererlangung ihrer geistigen Unabhängigkeit jegliche Ausbildung, die sie erhalten haben, verlieren oder ablehnen können. Es kann sehr entmutigend sein, diese geistige Unabhängigkeit zu finden und dann wieder zur Unterwerfung erzogen zu werden.

In manchen Fällen kannst du auch vorschlagen, mit dem Besitzer zusammenzuarbeiten, da das negative Muster von Afferenz und Efferenz bei allen Lebensformen zum Tragen kommt. (Ich denke nicht, dass man Tiere besitzen sollte, ein sehr efferentes Muster).

-Autismus
Wie in jeder anderen Situation auch, solltest du dir die Art des Musters ansehen, anstatt der Person das Label eines bestimmten Zustands aufzudrücken. Autismus ist ein extremes afferentes Muster, ein zwanghafter, chronischer Rückzug vom Leben. Diejenigen, die als autistisch gelten, sind zwar sehr intelligent, werden aber von der Efferenz des Lebens, einschließlich Berührung, Lärm oder sogar direktem Augenkontakt, überwältigt.

Es ist wichtig, ihre Afferenz sehr zu respektieren. Stimme dich auf deine eigene Afferenz ein, indem du dich ihnen langsam näherst und indirekten Augenkontakt herstellst. Vergewissere dich, dass sie sich bei dir wohlfühlen, bevor du ihnen vorschlägst, an ihren Füßen zu arbeiten, oder bevor du nach ihnen greifst. Respektiere ihre Entscheidung, eine Behandlung abzulehnen und es möglicherweise später noch einmal zu versuchen.

Natürlich musst du bei jedem Menschen sein Einverständnis einholen. Die Erlaubnis kann mündlich, psychisch (wenn die Person nicht sprechen kann) oder physisch erteilt werden. Geben sie dir zum Beispiel bereitwillig ihren Fuß oder ziehen sie ihn weg? Ich würde nicht empfehlen, an der Wirbelsäule zu arbeiten, da dies für sie zu direkt wäre.

-Down-Syndrom

Achte auch hier auf die Art des Musters. Diejenigen, die als Down-Syndrom gelten, sind leicht zu erkennen, da ihre Gesichtszüge oft nach außen gedrückt sind. Dies ist ein extremes efferentes Muster.

Bei seiner Arbeit mit Down-Syndrom-Babys stellte Robert fest, dass es möglich ist, aus diesem Muster herauszukommen. Er stellte fest, dass sich sogar ihre Gesichtszüge veränderten, nachdem sie im Säuglingsalter Metamorphose-Behandlungen erhalten hatten.

Robert stellte fest, dass die größte Chance zur Veränderung dieses Musters in den ersten fünf Lebensjahren besteht. Das soll nicht heißen, dass Behandlungen in späteren Lebensjahren nicht von Vorteil sind, aber sie sind nicht so dramatisch.

Oft wird gefragt, ob es eine besondere Methode gibt, mit Menschen mit Down-Syndrom zu arbeiten. Du solltest behutsam vorgehen, aber wie bei jedem Menschen solltest du dich darauf einstellen und so lange arbeiten, wie es dir angemessen erscheint. Überprüfe den Bereich um den Knöchel. Wenn du dort viel Aktivität oder Erschöpfung spürst, solltest du mit der Arbeit an den Knöcheln beginnen und/oder für eine kurze Zeitspanne dort arbeiten.

Die Hand Symbole

Im Verhältnis zum Niveau an Struktur, sind die Handsymbole abstrakter und darum eine mehr afferente Annäherung zum Thema der Metamorphose. Während die praktische Annäherung direkter ist und deshalb eine mehr efferente Annäherung darstellt. Innerhalb der praktischen Anwendung ist die Arbeit an der Wirbelsäule direkter als die Arbeit an den Füssen.

Von den sechs Handsymbolen befassen sich vier mit der Zeit vor dem Empfängnis, den karmischen Mustern vor der Körperlichkeit. Bitte beachten Sie, dass wir das Wort karmisch benutzen um in der Vergangenheit und im Bereich der Gedanken zu beschreiben. Das unterscheidet sich vom Gebrauch des Hindu Wortes Karma.

Ein Hand Symbol befasst sich mit der Zeit der Befruchtung, dem Augenblick wo alle genetische und karmische Einflüsse im körperlichen zusammenkommen und ein anderes befasst sich mit dem Gleichgewicht zwischen Afferenz und Efferenz.

Wenn Sie die Hand Symbole halten, können Sie die Hände auf den Schoss legen, oder wenn Sie sich hinlegen, können Sie die Hände auf der Brust, dem Bauch oder was auch immer angenehm ist, weilen lassen.

Bitte beachten Sie, dass die Hand Symbole in erster Linie gebraucht werden, wenn Sie an sich selber arbeiten. Sie können die Hand Symbole Ihren Kunden zur Selbstanwendung zwischen Behandlungen lehren, aber diese sind nicht dazu gemeint während einer Behandlung an Ihren Kunden anzuwenden.

Zirbeldrüse

Finger in einem Rechten Winkel übereinander legen. Es spielt keine Rolle welche Hand obendrauf gelegt wird oder wo die Daumen gehalten werden.

Das ist das Symbol für die Hypophyse, wo die genetischen Muster der vorhergehenden Generationen eingebracht und gedeutet werden.

Hypophyse
Finger- und Daumenspitzen berühren sich.

Dieses Symbol vertritt unsere persönlichen und karmischen Muster.

Hohle Hände

Eine Hand wird hohl über die andere gehalten. Es spielt keine Rolle welche Hand oben ist.

Dieses Symbol vertritt unsere indirekten karmischen muster.

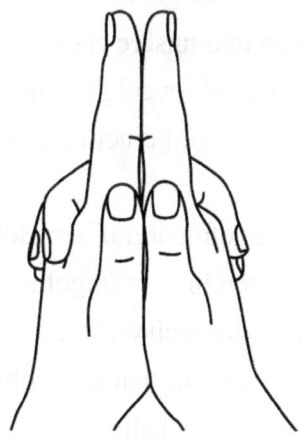

Spitzturm

Alle Finger ausser den Zeigefingern umklammern sich. Die Zeigefinger zeigen nach oben und berühren sich. Die Aussenseiten der Daumen berühren sich ebenfalls.

Befruchtun

Der Zeigefinger der einten Hand hält den Befruchtungs Punkt der anderen Hand. Die Befruchtungs Punkte befinden sich an den Daumengelenken der Innenseite der Hand.

Dieses Hand Symbol symbolisiert den Zeitpunkt der Befruchtung. Den zeitlichen Moment wo unsere genetischen und karmischen Muster in körperliche Form treten und unsere erste Zelle festsetzen. Das Hand Symbol der Befruchtung sieht ein wenig kompliziert aus, aber es ist nur dass wir die Befruchtungs Punkte mit einem Finger der andern Hand halten.

Legen Sie Ihren rechten Zeigefinger auf den Befruchtungs Punkt der linken Hand. Dann drehen Sie Ihren linken Zeigefinger herum und legen Sie ihn auf den Befruchtungs Punkt der rechten Hand. Sie können Ihre Hände locker halten während Sie die Finger auf den Befruchtungs Punkten der Daumen halten.

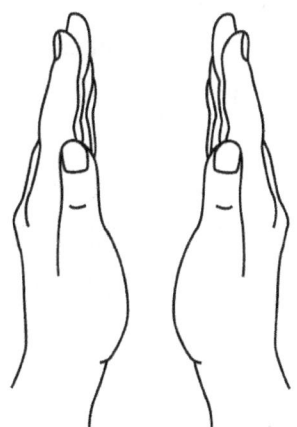

Symbol der Schöpfung

Dieses Symbol vertritt die Prinzipien des Einsseins, es ermöglicht Ihnen ein temporäres Gleichgewicht zwischen Afferenz und Efferenz zu finden. Afferenz und Efferenz sind schon Eins, Sie sind nur von Spannungen auseinander gestossen und erzeugen darum ein Ungleichgewicht. Dieses Symbol ist hilfreich, wenn Sie sich in allen Belangen irgendwie unwohl fühlen.

Offene, flache Hände parallel zueinander, die sich nicht berühren. Sie können gemütlich mit den Händen auf Ihrem Schoss sitzen, oder Sie können sich beim Hinlegen die Hände auf Ihre Brust legen. Die Distanz zwischen den Händen ist nicht wichtig. Legen Sie die Hände wie es sich angenehm anfühlt.

Häufig gestellte Fragen

Woher weiß ich, welche Handsymbole ich verwenden soll?
Mache dich damit vertraut, wie du die Handsymbole hältst, anstatt dich an ihre Bedeutung zu erinnern. Auf diese Weise wirst du das/die Handsymbol(e) verwenden, zu dem/denen du dich hingezogen fühlst, und nicht eines/mehrere, von denen du denkst, dass du sie verwenden solltest. Um dich mit den Handsymbolen vertraut zu machen, nimm dir eine Weile

Zeit, jedes einzelne zu halten und zu merken, wie es sich anfühlt. So bekommst du ein Gefühl dafür, mit welchen Handsymbolen du am liebsten arbeitest, was sich im Laufe der Zeit oft ändert.

Wie lange sollte ich die Handsymbole halten?
Es gibt keine feste Zeitgrenze für das Halten eines Handsymbols. Du kannst sie so lange halten, wie du es für richtig hältst, von einer Sekunde bis zu einigen Stunden.

Wie oft kann ich sie verwenden?
So oft du dich dazu berufen fühlst. Achte darauf, dass du keine zwanghaften Tendenzen hast, zu oft an dir zu arbeiten.

Wie viele sollte ich verwenden?
Es gibt keine Formel für die Anwendung der Symbole, verwende so viele oder so wenige, wie du möchtest.

Kann ich auch nur die Handsymbole verwenden, anstatt mit den Händen zu arbeiten?
Ja, wenn du dich dazu berufen fühlst. Ich neige dazu, zu glauben, dass die Hands-on-Arbeit am Anfang notwendig ist, um die dichtere Spannung abzubauen. Später in seinem Leben verwendete Robert hauptsächlich die Handsymbole. Er benutzte das Schöpfungs-Handsymbol, manchmal stundenlang, um sich aus seinem arthritischen Muster zu befreien. Er nannte dies seinen "Grand Morph". Dies ist die Heilungskrise, auf die ich mich bezog, als Roberts Schutzengel Teil von ihm wurde.

Was ist, wenn ich sie nicht richtig halten kann?
Halte sie so gut du kannst, und sei dabei noch bequem. Wie immer ist die der Metamorphose innewohnende Absicht von größter Bedeutung. Wie du das Handsymbol hältst, ist von sekundärer Bedeutung.

Kann ich die Handsymbole verwenden, um Metamorphose auf Distanz zu praktizieren?
Ja, du kannst sie verwenden, um mit Menschen oder Tieren in der Ferne zu arbeiten, natürlich nur mit deren Erlaubnis. Halte einfach das Schöpfungs-Handsymbol mit der Absicht, dass es für eine bestimmte Person ist.

Kann ich die Handsymbole verwenden, um in einer bestimmten Situation zu helfen?
Ja, aber betrachte deine Beweggründe. Menschen verwenden oft das Schöpfungs-Handsymbol, um eine bestimmte Situation zu adressieren. Es ist am besten, an dem Aspekt von dir selbst zu arbeiten, der mit einer negativen Situation zu tun hat, anstatt sie auf andere Menschen zu richten. Die Situation löst sich in der Regel von selbst auf, wenn Du einen Aspekt des Musters, das die Situation zu dir hingezogen hat, verlässt oder veränderst.

Kann ich die Handsymbole in der Meditation verwenden?
Die Handsymbole sind nicht dafür gedacht, in der Meditation verwendet zu werden. Menschen meditieren oft, um einen bestimmten Geisteszustand zu erreichen. Die Handsymbole sind eine eher abstrakte Methode, um unsere zugrunde liegenden Muster anzusprechen. Es ist nicht von Vorteil, die Verwendung der Handsymbole zu strukturieren und sie beispielsweise während einer Meditation zu verwenden. Das wäre eine Technik und würde das Motiv für die Verwendung der Symbole verändern. Obwohl die Arbeit mit den Handsymbolen ein abstrakterer Ansatz ist, bleiben die Prinzipien der Metamorphose dieselben.

~ ~ ~

Ich hoffe, Sie genießen die Reise!

Nachtrag zum funktionalen Menschen

Von Robert St. John ©

(Robert hat einen Artikel mit dem Titel `Das Dreieck` geschrieben, den er in `Der funktionale Mensch` umbenannt hat. Dieser Nachtrag bietet eine Zeitleiste der Verschiebungen mit Afferenz und Efferenz. Der Artikel kann in seiner Gesamtheit in seinem Buch `Introductory Articles` gefunden werden).

Seit vielen Millionen Jahren leidet dieser Planet unter einem ungelösten Stressmuster in Form einer potenziellen Spannung zwischen den beiden Hauptelementen des Lebens - Afferenz und Efferenz. In der Geschichte gab es immer wieder Prophezeiungen über das "Ende der Welt", das Armageddon und zahlreiche andere Warnungen vor dem Ende, wenn wir mit den bestehenden Lebensmethoden weitermachen.

Bei meiner Beobachtung der Polaritätsmuster der Menschen konnte ich eine grundlegende Veränderung beobachten, die im Februar 1962 stattfand. Es war eine Veränderung, die auf ein anderes Verhältnis von Afferenz und Efferenz hinwies und einen Ausblick auf die Zukunft bot.

Eine weitere Veränderung fand 1988 statt, und eine weitere im Jahr 1991. Ein letzter Wechsel fand vor kurzem statt (1993). Bei jeder dieser Veränderungen gab es sehr eindeutige Anzeichen im Verhalten der Menschen, dass etwas "im Gange" war.

Bei der ersten dieser drei Veränderungen gab es Anzeichen für eine Veränderung in der Art und Weise, wie die Menschen die Verantwortung für ihr Leben übernahmen; es war ein Wechsel von einer Bezugnahme auf eine äußere Quelle zu ihrem eigenen inneren Selbst.

Das zweite Anzeichen zeigte eine Veränderung des Energiegehalts der Afferenz. Dadurch begann sich die Fähigkeit der Afferenz zu verändern, Efferenz zu "aktivieren". Dies hatte eine sehr störende Wirkung auf die Efferenz.

Die dritte Veränderung bestand darin, dass sowohl die Afferenz als auch die Efferenz vollständig aktiviert wurden, was eine noch beunruhigendere Wirkung auf das Verhalten des Menschen hatte.

Die letzte Veränderung ist die überraschendste: Afferenz und Efferenz haben ihre Plätze getauscht - sie sind in ihre ursprüngliche Position aus der Zeit vor der Erschaffung dieses Planeten zurückgekehrt. Aber es gibt immer noch eine Dualität.

Über die Autorin

Cindy Silverlock mit Robert St. John, 1996

Die Metamorphose hat Cindy's Leben verändert, und ihre Leidenschaft hat sich seit 1989 als sie zum ersten Mal mit Metamorphose und Robert St John bekannt gemacht wurde, nicht geändert.

Cindy hat in 1989 unter Robert St. John in Perth, Australien studiert und kehrte in 1990 nach Hause zurück. Sie war so sehr von seinem Werk eingenommen, dass sie ihm anbot eine Zeitung für ihn zu kreieren um seine sich kontinuierlich entwickelnde Arbeit in den Vereinigten Staaten von Amerika zu verbreiten. Sie hat zudem im 1996 eine Vorlesung für St. John in Kalifornien, sechs Monate bevor er verstarb, gesponsert. Nach seinem Hinschiedes wurde die Zeitung international und sie förderte während vier Jahren Metamorphose Konferenzen mit Metamorphose Lehrern aus Irland und Australien. Niemand inspirierte sie so sehr wie Robert und im Jahr 2000 entschied sie sich ihr eigenes Verstehen zu Tage treten zu lassen. Sie fühlte dass es kein Zufall war, dass sie Robert kurz nach dessen Scheidung, gerade als sie und Dean geheiratet haben, kennengelernt hat.

Von Anfang an, hat Cindy die Prinzipien der Metamorphose in ihrer Ehe und dem täglichen Leben beobachtet. Sie liebt es Leute zu lehren, die Metamorphose zur Verbesserung des Wohlbefindens und der Beziehungen mit sich selber und anderen zu benützen. Sie fühlt es ist wichtig die abstrakte Natur dieser Arbeit in einfacher Sprache zu erklären, so dass mehr Leute diese wundervolle Philosophie und praktische Methode anwenden können.

Cindy erzählt Geschichten und Vergleiche im Zusammenhang mit der ursprünglichen Information, damit das Wesen der Arbeit zur Seele anstatt zum Verstand spricht. Gesündere, glücklichere Zuhause zu schaffen ist ihre Leidenschaft. Sowie allen zu helfen mehr Anmut und Leichtigkeit im Leben zu finden, und tiefer gefühlte Liebe zu schaffen.

Sie übt diese Arbeit seit 1990 aus und lehrt Metamorphose Kurse seit 1997. Ihre Schulung umfasst ein Bakkalaureus der Kunst in Psychologie, Ausbildungen in Hypnotherapie, Massage, Reflexzonen Therapie, Reiki und verschiedene alternative Modalitäten. Nichts hielt ihre Aufmerksamkeit lange, somit entschied sie sich ihre Aufmerksamkeit ausschliesslich der Metamorphose zu widmen. Verschiedene Modalitäten zu lernen half ihr zu sehen wie die Metamorphose anders ist, alles war ein Teil ihres Weges um klarer zu unterrichten und ein grösseres Publikum zu erreichen.

Cindy hat die Metamorphose USA-weit, in Finnland, Kanada und Neuseeland unterrichtet. Sie hat am Kongress der APPPAH (Assoziation der Pre- und Perinatalen Psychologie und Gesundheit), an der Konferenz von RAC (Assoziation der Reflexzonen Therapie von Kalifornien), und an der Konferenz von RAA (Assoziation der Reflexzonen Therapie der USA) doziert.

Ihre Artikel wurden im Massage Magazin, im Informationsblatt von RAA (Assoziation der Reflexzonen Therapie der USA), im Informationsblatt von RAA (Assoziation der Reflexzonen Therapie von Australien), im Informationsblatt von RAC (Assoziation der Reflexzonen Therapie von Kalifornien), und im Informationsblatt der Nordkalifornischen Hebammen veröffentlicht.

Cindy ist für Vorlesungen und zum Unterrichten verfügbar. Bitte kontaktieren Sie sie, wenn Sie eine Vorlesung oder einen Kurs in Ihrer Region oder Ihrem Land fördern möchten. (In englischer Sprache).

Kontaktieren Sie uns
Cindy and Dean Silverlock

www.MetamorphosisReflexology.com
Book, DVD's, Classes

CindySilverlock@gmail.com

www.ingramcontent.com/pod-product-compliance
Lightning Source LLC
Chambersburg PA
CBHW081327190426
43193CB00043B/2796